事例でわかる

MLOps
エムエルオプス

☐ 機械学習の成果を
スケールさせる処方箋

☐ 杉山阿聖　太田満久　久井裕貴　[編著]

講談社

はじめに

　本書の目的はMLOpsに関する数々のすばらしい取り組みを伝えることにあります。

　日常生活において機械学習の恩恵を受けない日はありません。ニュースサイトを開けばコンテンツが推薦され、ECサイトを開けば商品が推薦され、ゲームを開けばおすすめのキャンペーンが表示されます。普段、機械学習を利用したサービスを利用する際に、開発・運用を行うチームを意識することはないでしょう。しかし、これらの背景には機械学習システムが存在し、機械学習システムを開発・運用している組織が存在します。

　機械学習システムを開発・運用することには多大な困難を伴うことが少なくありません。本書ではそのような困難に立ち向かうことになった方やすでに立ち向かっている方向けに、機械学習チームにどのような困難が生じ、どのようにその困難に立ち向かったのか、さまざまな事例をご紹介します。

本書の歩き方と対象読者

　本書は2部構成となっており、第1部ではMLOpsに関する一般論の体系を、第2部では実際の課題と対策の事例を扱っています。第2部の各章はそれぞれ独立した読み物となっており、いきなりこちらを読み始めていただいてもかまいません。第2部の各章を読み進めるにあたり、前提となる事項をまとめ、互いの関連性がわからなかったときの参照先となるように、第1部をご用意しています。まずは本書の魅力の詰まった第2部を紹介します。

　本書の第2部では**MLOpsに関するすばらしい取り組みを紹介する事例を幅広く取り扱っています。**

はじめに　　iii

もしあなたが機械学習エンジニアであれば、あなたは本書の対象読者です。機械学習エンジニアであるあなたには、数々の技術的な課題に立ち向かった事例をおすすめします。4章のシンプルな機械学習パイプラインの構築を行った事例は、初学者にとって大いに役立つでしょう。5章のレコメンドシステムの構築や、6章の大規模な機械学習パイプラインの構築といった応用的な事例は、現実の複雑な課題へ立ち向かうための勇気を与えてくれるでしょう。7章の厳しいビジネス要求に応えるための技術選定や、8章の大規模なデータを効率的に活用するための取り組みは、経験が豊富な機械学習エンジニアに対しても新たな発見を与えるでしょう。

もしあなたが機械学習チームの一員であるのなら、あなたは本書の対象読者です。これから機械学習を用いたサービスの企画を行うのであれば、9章の成功確率を上げるための構造化された方法論が役に立つでしょう。すでに機械学習チームが存在し、品質向上の方向性に迷っているのなら、10章のアセスメントの方法論が役に立つでしょう。

もしあなたの組織で機械学習の活用に文化的な課題を感じているのなら、あなたは本書の対象読者です。研究開発組織で自組織の存在意義に悩んでいるのなら、11章の将来を見据えた課題の発見と対策による組織への貢献が光明となるかもしれません。また、社内に十分に知識がないという理由で、最新技術の活用を阻まれ膝を折ってしまったとしても、12章のノウハウがない中でも実践により活用のための知見を得た事例はあなたをもう一度立ち上がらせるでしょう。

本書の第1部ではMLOpsに関する基礎的な事項をできるだけ体系的に記しています。

もしあなたが自分の経験に自信がないにもかかわらず機械学習システムに関わらなければいけなくなったのなら、たとえばシステム開発に詳しくないのに開発に携わらなければいけないデータサイエンティストであったり、機械学習に詳しくないソフトウェアエンジニアであったりするのなら、あなたは本書が

想定する読者の一人です。第2部で扱っている数々の事例は、もっとも重要な箇所に集中しているため、もしかしたら前提となる情報が不足していたり、理解できなくて打ちひしがれてしまうかもしれません。本書の第1部が各事例を理解するための補助線となり、MLOpsという幅広い分野に取り組むための地図となることを願います。

MLOpsは各現場での取り組みをボトムアップで体系化したものであり、各現場に応用できる具体的な事例を伴いやすいという特徴があります。本書で紹介する事例が、読者の現場の課題への処方箋となり、機械学習の成果をスケールさせる一助となることを願います。

謝辞

本書は企画から出版までおおよそ2年をかけて作成されました。執筆中に本書に関わったすべての方に感謝を申し上げます。

本書はMLSE（機械学習工学研究会）のワーキンググループのひとつ「機械学習オペレーションWG」の活動により作成されました。本書の企画から出版までにMLOpsという言葉の意味は大きく変化しました。企画当初は「MLOps」という言葉自体によい定義をできていませんでしたが、MLSE 2022夏合宿を通じて現在の「機械学習の成果をスケールさせるためのさまざまな取り組み」という定義にたどり着き、「MLOpsは機械学習モデルを成長させることを楽しむものである」という特徴付けもできました。この場を借りてWGを共同で運営する太田満久氏、久井裕貴氏、MLSEの運営委員の方々、とくに主査の今井健男氏にお礼申し上げます。

また、本書の第2部では筆者の尊敬する方々にお声がけをして、各事例の記事を執筆いただきました。執筆いただいた玉木竜二氏、藤原秀平氏、原和希氏、澁井雄介氏、安立健人氏、松井健一氏、久保隆宏氏、柏木正隆氏、石原祥太郎

氏、高木基成氏は「あなたの考える最高のMLOpsの事例を話してください！」という筆者のリクエストに見事に答えていただきました。重ねて御礼申し上げます。

　最後に、講談社サイエンティフィクの大橋こころ氏には企画時点から長期にわたって多大な尽力をいただきました。改めて御礼申し上げます。

以上、編著者を代表して 杉山 阿聖

目次

はじめに iii

本書の歩き方と対象読者 iii

謝辞 v

第1部　MLOpsの背景と全体像

1章　MLOpsとは　2

1.1　MLOpsの背景　2

　1.1.1　機械学習の広がりと現状の課題　2

　1.1.2　本書の読み方　4

1.2　本書でのMLOpsの全体像　5

　1.2.1　全体像　5

　1.2.2　フェーズ　6

　1.2.3　カテゴリ　7

2章　MLOpsを実現する技術　10

2.1　機械学習パイプライン　10

　2.1.1　訓練と推論の要件の違い　10

　2.1.2　機械学習パイプライン　12

　2.1.3　まとめ　19

2.2　推論システム　20

　2.2.1　推論システムに求められる要件　20

　2.2.2　推論システムの代表的なパターン　24

　2.2.3　まとめ　30

2.3　技術選定　30

　2.3.1　機械学習パイプラインの技術選定　31

　2.3.2　技術選定において留意すべき観点　35

　2.3.3　まとめ　36

2.4　機械学習の実行環境とアクセラレーター　37

　2.4.1　アクセラレーターの種類　39

2.4.2	アクセラレーターの選択	40
2.4.3	まとめ	43
2.5	**機械学習システムのモニタリング**	43
2.5.1	機械学習のモニタリングに特有な難しさ	44
2.5.2	モニタリングの方針の検討	45
2.5.3	本番環境でのテスト	49
2.5.4	まとめ	51
2.6	**データの品質管理**	52
2.6.1	データの収集	52
2.6.2	データのラベリング	54
2.6.3	データの準備	56
2.6.4	データの削減	56
2.6.5	データオーグメンテーション	57
2.6.6	まとめ	58
2.7	**コードの品質管理**	58
2.7.1	前提条件	59
2.7.2	組織内の要因による課題と対策	60
2.7.3	組織外の要因による課題と対策	66
2.7.4	文化的な差異による課題	69
2.7.5	まとめ	70

3章 MLOps を支えるプロセス・文化 … 72

3.1	**機械学習システムの開発フローとPoC**	72
3.1.1	機械学習システム特有の不確実性	73
3.1.2	機械学習システムの開発フロー	74
3.1.3	PoCと本番運用の違いと注意点	80
3.1.4	まとめ	81
3.2	**素早い実験を繰り返す**	82
3.2.1	素早い実験の必要性	82
3.2.2	実験をデザインする	84
3.2.3	実験しやすい環境をつくる	86

| 3.2.4 | まとめ | 90 |

3.3 多様な利害関係者との協業 90

3.3.1	利害関係者とはだれか	90
3.3.2	どのように協業するか	91
3.3.3	どのようなところで課題を抱えやすいか	94
3.3.4	まとめ	95

3.4 ビジネスの意思決定に役立つモニタリング 95

3.4.1	なぜモニタリングしなければならないのか	96
3.4.2	モニタリングで何を計測するのか	96
3.4.3	どのようにモニタリングするのか	97
3.4.4	どのようなところで課題を抱えやすいか	99
3.4.5	まとめ	101

3.5 MLOps のプロセスを支える文化 101

| 3.5.1 | 機械学習を活用していく上で根付かせる文化 | 102 |
| 3.5.2 | まとめ | 108 |

第 2 部　MLOps の実践事例と処方箋

4 章　DeNA における機械学習プロジェクトの進め方 110

著者名	株式会社ディー・エヌ・エー　玉木竜二　藤原秀平
こんな人におすすめ	スタンダードな機械学習システムの設計がわからない人に
カテゴリ	技術　●機械学習パイプライン　●推論システム

4.1 はじめに 110

4.2 DeNA という会社の事情 111

4.2.1	DeNA の機械学習プロジェクト	111
4.2.2	MLOps チームが目指す場所	113
4.2.3	モバオクレコメンドシステムの事例	114

4.3 順調に進んだケース：フォローレコメンドの事例 115

| 4.3.1 | プロジェクトメンバー | 115 |
| 4.3.2 | 要求 | 115 |

4.3.3	データの整備と機械学習モデルの作成	116
4.3.4	機械学習モデルの推論方法	116
4.3.5	推論結果の提供方法	118
4.3.6	一連の処理の自動化	118
4.3.7	導入効果	121
4.4	**難航したケース：アイテムレコメンドの事例**	121
4.4.1	要求	121
4.4.2	リアルタイム性	122
4.4.3	システムとしての難易度とスケジュール	123
4.4.4	PoC ／ MVP ／本開発	124
4.4.5	小さく早くリリースする	125
4.5	**まとめ**	127

5章　少人数で迅速に実現する
～コンテンツレコメンドにおける MLOps ～　　129

著者名	株式会社CAM　原和希
こんな人におすすめ	レコメンドを行う機械学習システムの設計がわからない人に
カテゴリ	技術　●機械学習パイプライン　●推論システム　●技術選定 プロセス　●ビジネスの意思決定に役立つモニタリング

5.1	**はじめに**	129
5.1.1	株式会社CAM での取り組み概要	129
5.2	**コンテンツレコメンドのための MLOps システム**	130
5.2.1	導入前の状況	130
5.2.2	課題	131
5.2.3	MLOps の導入へ	131
5.2.4	チーム編成	131
5.2.5	運用中の MLOps システム	132
5.2.6	マネージドサービスを駆使	132
5.2.7	レコメンデーションにおける MLOps システム	134
5.2.8	購入履歴がないユーザーへ対応したレコメンド	135
5.2.9	新規ユーザーに向けたレコメンド	136

5.2.10	適切な予測方法とモデルの選定	137
5.2.11	特徴量エンジニアリングをどこで行うか？	138
5.2.12	Feature Store の活用	139
5.2.13	パフォーマンス計測用ダッシュボード	140
5.3	取り組みの結果	141
5.3.1	導入結果	141
5.3.2	既存モデルとの比較結果	142
5.3.3	サイバーエージェントグループの他サービスへの横展開	143
5.3.4	今後の展望	144
5.4	謝辞	144

6章 顧客ごとに複数機械学習モデルを出し分ける学習と推論のアーキテクチャ … 145

著者名	澁井雄介
こんな人におすすめ	モデルの数が莫大などの事情で、スタンダードな設計が使えない人に
カテゴリ	技術 ●機械学習パイプライン ●推論システム

6.1	機械学習システムの在り方を考える	145
6.1.1	B2C の場合	146
6.1.2	B2B の場合	146
6.1.3	あるソフトウェア開発向けツールを提供する企業	147
6.2	機械学習モデルの共通化と個別化	148
6.2.1	システム構成による判断	148
6.2.2	データによる判断	149
6.3	機械学習モデルを個別に出し分ける機械学習システムを作って運用する	151
6.3.1	機械学習パイプライン －データ－	152
6.3.2	機械学習パイプライン －特徴量エンジニアリング－	154
6.3.3	機械学習パイプライン －訓練－	155
6.3.4	機械学習パイプライン －オフライン評価－	157
6.3.5	機械学習パイプライン －デプロイと推論システム－	158

| 6.3.6 | 機械学習パイプライン　－オンライン評価－ | 161 |
| 6.4 | まとめ | 162 |

7章　機械学習パイプライン構築事例から見る技術選定　163

著者名	安立健人
こんな人におすすめ	技術選定にあたっての方針を決めなければいけない人に
カテゴリ	技術　●技術選定　●推論システム　●機械学習の実行環境とアクセラレーター

7.1	はじめに	163
7.1.1	企業概要	163
7.1.2	プロジェクト背景	163
7.2	プロジェクト概要	164
7.2.1	どのようなサービスだったか	164
7.2.2	課題	164
7.3	方針の検討	165
7.3.1	得意な技術を選択する	166
7.3.2	少数精鋭化	167
7.4	取り組み内容	167
7.4.1	基礎アーキテクチャの技術選定	167
7.4.2	AWS Inferentia の採用	169
7.5	取り組みの結果	171
7.5.1	プロジェクトを期日通り完遂	171
7.5.2	機械学習パイプラインの定型の獲得	172
7.5.3	その後の課題と対応	173
7.6	今後の展望	174

8章　事故を減らすための機械学習モデル適用の工夫 176

著者名	株式会社ディー・エヌ・エー（GO株式会社出向）　松井健一
こんな人におすすめ	品質のよいデータを莫大なデータから探さなければいけない人に
カテゴリ	技術　●推論システム　●データの品質管理 プロセス　●機械学習システムの開発フローとPoC ●ビジネスの意思決定に役立つモニタリング

8.1 はじめに 176

8.2 企業概要：GO株式会社について 177

8.3 交通事故削減のための機械学習技術の要件定義 177

8.4 AIドラレコサービスで使われる機械学習技術とその特徴 180

8.4.1 「DRIVE CHART」の設計の概要 180

8.4.2 高い性能を実現するための工夫 181

8.4.3 効率的な運用のためのポイント 185

8.4.4 レアイベントの取り扱いの工夫 189

8.5 まとめ 193

9章　機械学習プロジェクトの失敗確率80%を克服するプラクティス 194

著者名	アマゾン ウェブ サービス ジャパン合同会社　久保隆宏
こんな人におすすめ	機械学習を用いた新規企画を行わなければいけない人に
カテゴリ	プロセス　●多様な利害関係者との協業

9.1 はじめに 194

9.2 7割以上が効果を実感できないデータサイエンス 195

9.3 機械学習をプロダクトの成長につなげる4つのポイント 197

9.3.1 Day0：必要な参加者を集め役割を伝える 197

9.3.2 理解編：成功事例からスタートする 199

9.3.3 応用編：実在する顧客への提案をシミュレーションする 200

9.3.4 開始編：段階的に成果と学びを得るマイルストーンを設計する 202

9.4 ML Enablement Workshopの成果と発展 204

9.5 おわりに 206

10章 ML Test Score を用いた機械学習システムの定量的なアセスメント … 207

著者名	柏木正隆
こんな人におすすめ	自分たちの機械学習システムの運用レベルの測り方がわからない人に
カテゴリ	プロセス ● 機械学習システムの開発フローとPoC

10.1	はじめに … 207
10.2	会社紹介 … 208
10.3	ML Test Score とは？ … 208
10.4	なぜML Test Score による定量評価を行ったのか … 210
10.5	どのようにしてスコアリングを進めたか … 211
10.6	1回目のスコアリングを行った結果 … 214
10.7	スコアリングを行って見えてきた課題と改善したこと … 215
10.8	半年後に再度2回目のスコアリングを行った結果 … 217
10.9	ML Test Score によるスコアリングを行う上での注意点 … 218
10.10	まとめ … 220

11章 大規模言語モデルの研究開発から実運用に向けて … 221

著者名	株式会社日本経済新聞社　石原祥太郎
こんな人におすすめ	企業内における研究開発の意義や実ビジネスへの貢献に迷っている人に
カテゴリ	文化

11.1	はじめに … 221
11.1.1	大規模言語モデルの台頭と社会実装 … 221
11.1.2	日本経済新聞社と大規模言語モデル … 222
11.2	大規模言語モデルの応用事例 … 223
11.2.1	大規模言語モデルの仕組み … 223
11.2.2	文の生成タスク … 225
11.2.3	文の識別タスク … 226
11.3	実運用に向けた課題の整理 … 227
11.3.1	ハルシネーションの分析 … 227

11.3.2	時系列性能劣化の監視	228
11.3.3	セキュリティ・著作権	231
11.4	おわりに	232
11.4.1	謝辞	233

12章 ユーザー企業における機械学習プロジェクトの推進事例

235

著者名	サントリーシステムテクノロジー株式会社 高木基成
こんな人におすすめ	ノウハウがない中でも最新技術の活用を諦めたくない人に
カテゴリ	技術　●機械学習システムのモニタリング プロセス　●機械学習システムの開発フローとPoC 文化

12.1	サントリーの企業紹介	235
12.1.1	企業概要	235
12.1.2	「やってみなはれ」精神	236
12.2	生成AIについての取り組み	237
12.2.1	生成AIの活用推進プロジェクト	238
12.2.2	生成AIを活用するための共通基盤	239
12.2.3	利用者起点の試行錯誤	241
12.3	従来型の機械学習モデルに関する取り組み	242
12.3.1	サントリーにおける機械学習モデルの利活用	242
12.3.2	機械学習モデルの運用管理プラットフォームの構築	244
12.3.3	運用管理プラットフォームの効果	246
12.3.4	Data-Centricなアプローチの重要性	247
12.4	おわりに	249

索引

250

第 1 部

MLOpsの
背景と全体像

1 MLOpsとは

1.1 MLOpsの背景

1.1.1 機械学習の広がりと現状の課題

現代のビジネス環境において、データを保持しうまく活用することは、高い付加価値のあるサービスを提供するために必須な要素の一つとなっています。

その中でも、機械学習はデータから得た知見を施策まで落とし込める非常に強力なツールです。

たとえば、映像配信サービスでのユーザーの嗜好に合わせた番組の推薦や、工場の生産設備での不良品検知、ローンの審査など、多種多様な事例が各所で蓄積されており、機械学習はすでに広くビジネスに活用されていると言えるでしょう（図1.1）。

● 図1.1 機械学習の活用事例

さまざまな企業の機械学習活用事例を収集したり実際に携わる方と交流したりしていると、多くの組織が机上での研究開発や実証実験に取り組んでおり、実証実験での成果を出しはじめていることを感じています。

　しかし、実利用を始めるまでのハードルが高いため、プロダクトとして利用できている組織は著しく少なく、さらに全社的に利用できている企業となるとごく一部です。

　チャレンジをしている企業は多くあるものの、スムーズに運用し活用できている状態とするためにはいくつかの壁があります。

　多くの組織で見られる典型的な失敗パターンを2つ確認しましょう。

- バッドパターン1：いきなり全社展開（図1.2）
    - 全社で使われる機械学習サービスをいきなり実現させようとした場合、考慮しなければならない制約や議論に参加する関係者が非常に多くなります。
    - その結果、検討にかかる時間が非常に長くなる上に、そのうちに状況が変わりさらに検討を重ね続けなければならず、終わらない事態もありえます。

- 図1.2　バッドパターン1　いきなり全社展開

- バッドパターン2：機械学習チームにすべて任せる（図1.3）
    - 1チームでプロダクト利用を始めた後、個別最適なままスケールさせようとしてしまうパターンです。機械学習システムはプロダクトのさまざまな要素と関わり運用でもコストが高いため、そのチームが対応できる限界を超え破綻してしまう場合があります。

●図1.3　バッドパターン2　機械学習チームにすべて任せる

　機械学習活用のもととなる機械学習の開発から安定的な運用については、MLOpsとしてさまざまなプラクティスが大手クラウドサービス提供企業やメガベンチャーを中心として発表されています。

==一方で、機械学習を適用する環境や背景は非常に多様であり、それらすべてのプラクティスを画一的に適用することは現実的ではありません。==

- 機械学習を扱うチーム編成で考えても、数名のみの場合もあれば数十人単位になる場合もあります。
- 機械学習の利用フェーズも、実験的な取り組みから本格的な運用保守までさまざまな状況が考えられます。

　そのため、企業において機械学習の開発や運用を始めようとした場合、世の中にあるプラクティスから実践に結びつけることが困難であるという課題を抱えやすいでしょう。

1.1.2　本書の読み方

　一般的に、MLOpsは「MLシステム開発（Dev）とMLシステム オペレーション（Ops）の統合を目的とするMLエンジニアリングの文化と手法」[1]として定義されています。**本書ではMLOpsを機械学習の成果をスケールさせるため**

---

[1] https://cloud.google.com/architecture/mlops-continuous-delivery-and-automation-pipelines-in-machine-learning?hl=ja

のさまざまな取り組みとして定義します。この定義には企業が事業で行うシステム開発やコミュニケーション、意思決定など多種多様な活動が含まれます。

本書は、以下のような構成となっています。

- 第1部では、MLOpsの全体像と構成要素、そしてその典型的なプラクティスについて紹介します。
  - 機械学習を活用するために考慮や対応が必要な内容の全体像が網羅できます。
- そして第2部では、第1部のプラクティスについていくつかの組織から具体的な事例を提供してもらい、それを紹介します。
  - 自社で抱えている課題やしなければならないこと、企業文化に応じて参考にすることができます。

1.2 本書でのMLOpsの全体像

1.2.1 全体像

MLOpsでは、表1.1のようにフェーズ×カテゴリの2軸で全体像を考えます。

それぞれのフェーズにおいて必要なカテゴリごとのプラクティスを一覧化しています。一部分のみで必要になるプラクティスもあれば、常に必要なプラクティスもあります。

カテゴリ 活用 フェーズ	技術	プロセス	文化
机上実験	・機械学習の実行環境 とアクセラレーター ・データの品質管理	・機械学習システムの 導入フローとPoC	・イノベーションと継続 的な学習 ・不確実性の許容 ・データ駆動（Data- Driven） ・透明性と説明責任 ・倫理的なアプローチ
実証実験	・機械学習の実行環境 とアクセラレーター ・データの品質管理	・機械学習システムの 導入フローとPoC ・素早い実験を繰り返 す ・多様な利害関係者と の協業	
一つのチー ムで利用	・機械学習パイプライ ン ・推論システム ・技術選定 ・機械学習の実行環境 とアクセラレーター ・機械学習システムの モニタリング ・データの品質管理 ・コードの品質管理	・機械学習システムの 導入フローとPoC ・多様な利害関係者と の協業 ・ビジネスの意思決定 に役立つモニタリン グ	
組織的に 利用	・機械学習パイプライ ン ・推論システム ・技術選定 ・機械学習の実行環境 とアクセラレーター ・機械学習システムの モニタリング ・データの品質管理 ・コードの品質管理	・機械学習システムの 導入フローとPoC ・多様な利害関係者と の協業 ・ビジネスの意思決定 に役立つモニタリン グ	

● 表1.1　MLOpsの全体像

1.2.2　フェーズ

機械学習の活用フェーズは次の4つの流れで進めます（図1.4）。

- 机上での実験
  - 実際にサービスで使われるべき機械学習モデルの要件を定義し、モデルの精度など、モデル単体で、机上で確認できる指標を確認します。
- 実証実験
  - 机上実験を行った対象をもとに、実際の事業要件を満足する水準までモデルの各種性能を高める段階です。A/Bテストなどを用いて、機械学習システムを提供した場合の価値についての確認も行います。
- 一つのチームでプロダクトとして利用
  - 実証実験まで完了した機械学習モデルを小規模チームかつ特定サービスで運用します。
- 全社的に利用
  - ノウハウがたまった段階で、全社的に機械学習を活用していきます。

- 図1.4 機械学習の活用フェーズ

1.2.3 カテゴリ

機械学習を活用する上での**カテゴリは、「技術」「プロセス」「文化」の3種類に分類できます。**

それぞれのカテゴリの関係性は、図1.5に表しているように逆向きのピラミッドの形になっています。

下部にあるほど基礎であることを表しています。具体的には、技術を実現するためのプロセスがあり、そしてプロセスを組織として実行するための文化が必要となります。その一方で、取り組みが共有される際には具体的な内容に触れられることが多く、事例の数は各カテゴリの面積比のように技術＞プロセス＞文化の順に少なくなります。

● 図1.5　カテゴリの関係性

　まず「技術」は、以下のようなプラクティスから構成されています。
- 機械学習パイプライン
- 推論システム
- 技術選定
- 機械学習の実行環境とアクセラレーター
- 機械学習システムのモニタリング
- データの品質管理
- コードの品質管理

　次に「プロセス」には、以下のプラクティスがあります。
- 機械学習システムの開発フローとPoC
- 素早い実験を繰り返す
- 多様な利害関係者との協業
- ビジネスの意思決定に役立つモニタリング
- 機械学習プロセス全体の品質管理

　最後に「文化」は、「企業がもともと持っている文化」と「機械学習を活用していく上で根付かせる文化」の2種類があります。後者は以下のようなプラクティスにまとめられます[2]。
- イノベーションと継続的な学習

---

[2] まとめ方については3章でも述べますが、他にもさまざまな角度・粒度でのまとめが可能です。また、プロセスのプラクティスの一つである利害関係者との協業には、部分的に文化の要素も含まれています。

- 不確実性の許容
- データ駆動（Data-Driven）
- 透明性と説明責任
- 倫理的なアプローチ

　第2章では技術、第3章ではプロセスと文化について、それぞれのカテゴリとそのプラクティスを詳しく見ていきます。

2

MLOpsを実現する技術

2.1 機械学習パイプライン

ここでは機械学習システムのアーキテクチャについて検討します。

機械学習システムにおいては、大きく分けて訓練と推論の両方の検討が必要です。訓練では機械学習パイプラインと呼ばれる、機械学習モデルの訓練に必要なさまざまなタスクを自動化するシステムを構築することが一般的になってきました。推論では、プロダクトの性質から要求されるレイテンシーやリアルタイム性を考慮し、バッチ処理システムやリアルタイム処理システムを構築します。

本稿ではまず、訓練と推論に求められる要件についてそれぞれ考慮します。訓練と推論では求められる要件が大きく異なります。要件の差異について確認し、別々のシステムとして検討する必要性を確認します。

その後、訓練のための機械学習パイプラインについて概略を述べます。推論システムについては後ほど改めて述べます。

2.1.1 訓練と推論の要件の違い

機械学習における訓練と推論の要件の違いについて確認しましょう。訓練と推論では要件が大きく異なるため、実現するシステムのアーキテクチャもそれに応じて大きく異なっていきます。訓練と推論それぞれの概要や、非機能要件との違いを考えていきましょう。

訓練と推論の要件の違いは次の表2.1のようにまとめられます。

	訓練	推論
可用性	求められない	求められる
リアルタイム性	求められない	求められる
入力データ量	大規模	1件あたりは小さい

● 表2.1 訓練と推論の要件の違い

　機械学習の訓練は、基本的にストレージに保存されたデータを用いるバッチ処理です。ストレージに保存された大量のデータを逐次読み取り、機械学習モデルの訓練のためのアルゴリズムで利用します。

　訓練の特徴は次のようにまとめられます。

- 可用性：高い可用性は求められません。
- リアルタイム性：求められません。
- 入力データ量：タスクの内容や、データの種類（画像・テキストなど）に依存しますが、一般的に大規模となります。

　ここで可用性とは、システムが連続的に稼働し、中断なくサービスを提供できる能力を指します。高い可用性を持つシステムは、障害やメンテナンス時でもサービスの中断を最小限に抑え、継続して価値を提供できます。

　訓練において典型的なケースでは、高い可用性は必要ないでしょう。機械学習の訓練では訓練済みの機械学習モデルを作成しますが、これは直接ユーザーに触れるものではありません。訓練済みのモデルも、通常開発中に作成されるか、すでにデプロイ済みのモデルの更新を行うかのどちらかです。開発中であればサービスはまだ稼働していませんし、デプロイ済みのモデルがあるのであれば、訓練に失敗してしまっても本番サービスは稼働させ続けることができます。

　このため、可用性に対する要求は高くないと考えられます。例外は、機械学習の訓練をサービスとして提供する場合です。

　リアルタイム性についても、高い可用性が求められないのと同様の理由から

求められません。

　入力データ量は一般的には大規模になります。たとえば、需要予測のように過去の履歴から傾向を学習するタスクでは、サービスのログを扱う必要があり、一般にデータの規模は大きくなります。画像やテキストでは深層学習モデルを扱うことが一般的ですが、深層学習モデルの訓練のためにも大量のデータが必要となります。実際に扱うデータの規模はタスクの内容や、画像やテキストなど扱うデータに依存して大きく変わります。

　これらの性質から、機械学習の訓練は大規模なデータを用いたバッチ処理システムだと言えます。高い可用性は求められませんが、長時間にわたるタスクとなるため、リトライについても考慮しておくとよいでしょう。

　一方で、機械学習の推論は必ずしもバッチ処理とは限らず、データが入力されたときに推論結果をリアルタイムに返すAPIを提供することも一般的です。推論システムの特徴は次のようにまとめられます。

- 可用性：高い可用性が必要です。
- リアルタイム性：必要です。
- 入力データ量：1回のリクエストについては大きくありません。

　推論システムのアーキテクチャは要件に応じて、いくつかのパターンがあります。詳細は2.2節で改めて述べます。

　ここまで見てきたように、訓練と推論では要件が大きく異なるため、それぞれを別々に設計する必要があります。以降で、機械学習の訓練を実行するためのシステムである機械学習パイプラインについて、より具体的な要件を確認しましょう。

2.1.2 機械学習パイプライン

　ここではまず訓練のための一連の処理について考えます。機械学習モデルを

研究開発段階で用いる場合、一度きりの評価に耐えればよいケースが大半でしょう。そのような場合、手元のノートブックやスクリプトを実行してモデルの訓練に必要な処理を実行するのは現実的な選択肢となるかもしれません。

しかし、本番環境での継続的な運用を考慮すると、機械学習モデルを継続的に更新し、デプロイする必要が生じてきます。**そのような場合に手元のノートブックやスクリプトだけで運用を継続するのは現実的ではありません。** ここでは機械学習のために必要となるさまざまなタスクを自動化する、機械学習パイプラインについて見ていきましょう。

機械学習パイプラインで取り組まれる、自動的かつ継続的にモデルの更新、デプロイを行う取り組みをCT（Continuous Training）と呼びます。 これはDevOpsのプラクティスの一つであるCI/CDに相当するものであり、機械学習においては単なる自動化以上の価値をもたらします。

機械学習モデルは訓練時と推論時のデータが類似するほど性能が高くなりますが、推論を行うタイミングが訓練時からかなり時間が経過している場合、ドリフトと呼ばれる変化が発生し、推論時のデータが訓練時と別物になってしまうことがあります。

機械学習パイプラインを構築してモデルの訓練・デプロイを継続的に行うことで、機械学習モデルへのドリフトの影響を抑えることができ、推論の品質がよりよいものとなるでしょう。

2.1.2.1 機械学習パイプラインのコンポーネント

機械学習パイプラインの基本的な設計はよく知られるものとなってきました。クラウドベンダーから機械学習パイプラインに関するさまざまなドキュメントが発表されていますが、設計はおおむね共通しています[1]。

機械学習パイプラインでは、まとまった処理を「コンポーネント」という単位に分割して実装することが一般的です。代表的なコンポーネントは図2.1に

---

[1] 中でも、Google の論文 "TFX: A TensorFlow-Based Production-Scale Machine Learning Platform" はシステム的な側面について包括的に述べており、設計を検討する上ではかなり参考になるでしょう。

挙げます。

● 図2.1　機械学習パイプライン

それぞれのコンポーネントで行われる処理について見ていきましょう。

前処理

　前処理では主に各種ストレージから入手したデータを、機械学習モデルに入力可能なフォーマットに変換します。複数のストレージがあり、データを取得するだけでも大変な場合にはデータを取得するコンポーネントと前処理を行うコンポーネントへ分割することを検討します。

　機械学習というと訓練に焦点が当たりがちですが、前処理は決して単純ではなく、困難のつきまとう処理であることに注意しましょう。

　まず、前処理では大量のデータを扱うことが多く、大量の計算資源を要求することがあります。データの規模が大きく、単一のマシンで処理できない場合には、並列処理を行う必要もあります。並列処理を導入するために、研究開発段階では使われてこなかったようなミドルウェアが必要になるケースもあります。実際のデータの規模を踏まえた十分な検証が必要となるでしょう。

　また、収集したデータを訓練データとテストデータに分割することも一般的です。典型的な機械学習パイプラインでは後続にモデルの評価を含むため、テスト用のデータを訓練用のデータとは別に用意します。この際に、不適切な分割を行ってしまうと評価が適切にできなくなってしまいます。詳細は「モデルの評価」で改めて述べますが、単純なランダムサンプリングでは不十分なケースがあることは覚えておくとよいでしょう。

データのバリデーション

　データのバリデーションでは、機械学習モデルに入力するデータが適切かどうかを検証します。

　データのバリデーションは、型の検査や、欠損のチェックなど一般的なシス

テムで行われる取り組みを含みますが、機械学習パイプラインでは追加の考慮が必要です。

　一般的なシステムでは、入力されるデータが型や欠損の有無を示すスキーマに合致していれば、多くの場合、システムとしては動作するでしょう。不正な値があった場合には、エラーが発生してシステムがダウンするかもしれません。

　一方で、機械学習システムではデータのスキーマだけではなく、データの分布が期待するものでないと正常に動作しないケースがあります。例として、表形式データを対象とした機械学習モデルで、自サイト上のユーザーの行動履歴から購入予測を行うモデルを考えてみましょう。

　この機械学習モデルには`page_a_views`という特徴量があり、ページAを開いた回数を入力の一つとして利用するものとします。このようなサイトではページの追加や削除といった改修は日常茶飯事でしょう。改修の際に、あるタイミングでページAが削除された場合を考えます。この場合、`page_a_views`という特徴量には0という値のみが入り続けることになります（図2.2）。

　これは検出すべき異常ですが、スキーマに基づく検査では検出できず、機械学習モデルはエラーを発生させることなく推論結果を出力し続けるでしょう。

　一方で、この特徴量が重要なものであった場合には、機械学習モデルの性能が低下してしまうため、何らかの方法でこのような事象を検知できるのが望ましいです。

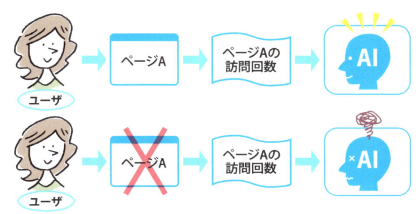

● 図2.2　スキーマによる検査だけでは検出できない異常の例

上記のシナリオはあまりにも単純に思えるかもしれませんが、実際に筆者が経験した事象に極めて近いものです。

機械学習モデルの依存するデータは広範囲になることがあり、依存先のサービスの開発状況やビジネス上の要求から発生する変更が、機械学習チームが気が付かないうちに本番環境にデプロイされていることも珍しくありません。このため、データのバリデーションを機械学習パイプラインに組み込んでおき、自動化しておくことは十分検討の価値があります。

機械学習パイプラインにおけるデータのバリデーションは、主に表形式データで取り組まれることが多いようです。バリデーションではそれぞれのデータ単位での検証と、データセット単位での検証の両方が取り組まれます。

データ単位での検証では、データの型や欠損の有無といったスキーマによる検証が一般的です。データセット単位での検証では、特徴量の平均値やパーセンタイル値といった統計量を作成して比較するほか、欠損を表す特徴的な値（図2.2の例では0）の出現回数や割合を確認するとよいでしょう。

データのバリデーションでは取り組めることが多い一方で、何を行うことが正確なバリデーションなのかを定義することは困難です。検出したい事象やその後の対応を考慮した上で、優先順位をつけ、現実的な範囲で実装するとよいでしょう。

訓練

訓練では訓練データを用いてモデルの訓練を行います。

訓練を行う際には前処理同様に大量のデータを扱うことがあるため、大量の計算資源を要求されることがあります。

また、大規模なモデルの訓練を行う場合、GPUやTPUなどのアクセラレーターが必要となります。アクセラレーターを用いる場合には、コードの変更やモデルのコンパイルなど、追加の処理が必要となるケースもあります。採用する場合、クラウドサービスを利用している場合にはそのプラットフォームでのサポート状況を調査した上で、コストや処理時間を含めた検証を十分に行うことが必要でしょう。

また、訓練を行った結果である、訓練済みのモデルの保存の仕方にも注意し

ておきましょう。第一選択は各ライブラリの提供するフォーマットですが、自分でアルゴリズムを書いている、アンサンブルなどの後処理を行っているなどの事情でそれらを採用できないケースもあるでしょう。そのような場合には、コンテナの利用を検討するとよいでしょう。

モデルの評価

モデルの評価では評価用データを用いて、モデルの性能評価を行います。

通常のシステムがCI/CDパイプラインで自動的なテストを行うように、機械学習パイプラインでもモデルのテストを行います。テスト結果は主にモデルの精度指標であり、テストに用いたモデルと評価用データのバージョンと合わせて管理します。

また、必要な場合には、テスト結果に応じてデプロイするかどうかの判断を行います。要求される性能指標が明確な場合には閾値を用いて判断が可能ですが、そのような定義が難しい場合には現状デプロイされているモデルとの比較を行うのがよいでしょう。この際に、モデルの評価結果を妥当なものとするためには、評価用データの作成方法についても注意が必要です。

前述したように、データセットを分割して訓練データと評価用データを作成するのは、機械学習パイプラインにおいてよく取り組まれる事項です。この際に、適切な分割ができていないと評価がうまくできません。適切な分割に失敗した例として、健康状態の予測を行うモデルにおいて、データセットをランダムに分割した結果、同一の人から取得したデータが訓練データと評価用データの両方に含まれてしまった事例が知られています[2]。このようにして用意したデータでは未知のデータではなく、モデルの訓練で用いたデータと類似するデータで評価することになってしまうため、モデルの性能を過大評価してしまうことになります。

データの分割におけるミスは枚挙に暇がありません。画像や自然言語などの機械的な確認ができないデータセットにおいては、とくに慎重になるべきでしょう。

---

[2] Andrew Ng氏の論文の紹介（https://x.com/AndrewYNg/status/931026446717296640）に対して、Nick Roberts 氏が指摘した（https://x.com/nizkroberts/status/931121395748270080）後に修正された。

一方で、言語モデルのように「最新のデータを反映したモデルをできるだけ早くデプロイしたい」という要求があるケースもありえるでしょう。そのような場合には機械学習パイプラインの中で評価するのではなく、パイプラインの外で評価を行うことになります。カナリアリリース（ごく一部のユーザーに対してだけアップデートを適用し、異常がないことを確認した上で徐々にアップデートの対象ユーザーを増やす手法）やA/Bテスト（変更前と変更後の異なる2つのバージョンを同時にデプロイし、ビジネス的な指標を用いてどちらが優れているのか検証する手法）といった本番環境でのテストができないか検討するとよいでしょう。

　カナリアリリースやA/Bテストは2.5節でも改めて取り上げます。

デプロイ

　デプロイでは推論環境にモデルを配置します。

　デプロイの際にはモデルの形式が変更になる場合があります。たとえば、デプロイ先がモバイルデバイスやエッジデバイスの場合、量子化やデバイスに合わせたコンパイルなど追加の処理が必要になるでしょう。その場合、量子化前後でのモデルの精度の変化が許容可能な範囲に収まっているかどうかも確認が必要です。

2.1.2.2　パイプライン外のコンポーネント

　パイプライン外にもいくつかのコンポーネントが機械学習システムのために用いられることがあります。ここではメタデータ管理とFeature Storeの2つを紹介します。

メタデータ管理

　メタデータ管理では、パイプラインで生成された成果物の依存関係の管理を行います。どのデータセットを用いて、どのバージョンのコードを用いて、どのモデルを作成したのか管理することで、現在デプロイされているモデルを過去の時点でのモデルに切り戻すことができるようになります。また、振る舞いをあとから確認し、再現性を担保することも可能になります。

　このような依存関係の管理はリネージと呼ばれ、機械学習システムの再現性

の確保のために重要です。

Feature Store

Feature Store は、前処理済みの特徴量を、訓練・推論時に利用しやすいよう保持するコンポーネントです。

Feature Store は次の3つの目的のために利用されることがあります。

- **チーム間での特徴量の共有**
- **遅いストレージのキャッシュ**
- **過去のある時点のデータの提供**

組織が十分に大きく、機械学習システムを実装するチームが複数ある場合、同じ前処理を複数のチームで実装しているケースがあります。前処理を一本化してFeature Store を通じて提供することで、そのような手間の発生を防ぐことができます。

また、機械学習モデルのためのデータを保持しているストレージサービスは、大容量データの処理には向くものの、低レイテンシーでのデータの提供には向かないものもあります。このような場合には、前処理済みのデータを早いストレージにキャッシュしておくことで、特徴量を得るためのレイテンシーを抑えることができます。

2.1.3 まとめ

ここまで、機械学習パイプラインやその周辺で用いられる典型的なコンポーネントを見てきました。実際のパイプラインでは、必要なコンポーネントを自分たちの要件に合わせて組み合わせることになるでしょう。機械学習パイプラインは適用したい機械学習システムによって複雑さが大きく変わります。自動化したいワークフローについて、実装の前に十分に整理しておく必要があります。また、データのバリデーションなど、一部のコンポーネントは必ずしも必要というわけではありません。自分たちの要件に合わせて実装の要否を検討するとよいでしょう。実際の事例は第2部でご紹介します。

2.2 推論システム

前節で触れたように、訓練と推論では、求められる要件が大きく異なります。また、推論の目的や利用環境は多岐にわたるため、求められる要件もまた多岐にわたります。たとえば、リアルタイムの応答を必要とする場合と大規模なデータセットを扱うバッチ処理が求められる場合では考慮すべき点が異なります。しかし、どちらの場合にも共通して考慮すべき要素が存在します。

そこで本節では推論システムにおいて一般に重要とされる要件について整理し、さらに代表的な推論システムのパターンについても取り上げます。

2.2.1 推論システムに求められる要件

ここでは、主にオンラインショッピングの推薦システムを例にして、推論システムに必要な可用性、リアルタイム性、入力データ量について解説します。

オンラインショッピングの推薦システムでは、顧客の閲覧履歴や購買データに基づき個々の顧客に合わせた商品推薦を行います。これにより顧客体験を向上させ、売上が増加することを期待します。

このようなシステムでは、障害が発生してもサービスを継続できることが望ましく（高い可用性）、ユーザーの行動に対して即座にレスポンスを返す必要があります（高いリアルタイム性）。一方、個別のユーザーの要求に対して推論を行うため、一度の推論で処理する入力データ量は訓練時と比較して少なくて済みます（少ない入力データ量）。

オンラインショッピングに限らず、多くの推論システムにおいて可用性、リアルタイム性、入力データ量は重要な要素となります。それぞれについて、詳しく見ていきましょう。

1. 可用性

可用性とは、システムが連続的に稼働し、中断なくサービスを提供できる能力を指します。この要件は、とくに推論システムにおいて重要になります。なぜなら、ユーザーの主な関心はモデルの訓練プロセスそのものではなく、訓練済みモデルによって得られる推論結果にあるためです。

オンラインショッピングの例では、顧客が商品を閲覧している間にリアルタ

イムに関連商品を提示する必要があり、推論システムがダウンすると直接売上減少に繋がります。金融取引の不正検知や自動運転システムなど、とくに高い可用性が求められるケースもあります。求められる可用性のレベルに差はあれど、一般に推論システムには訓練時以上の可用性が要求されます。

　一方で機械学習システムは、さまざまな要因により可用性が低下しやすい特性を持っています。

　たとえば、深層学習ではGPUなどの機械学習専用のハードウェアを用いることが多く、これらの故障が、障害を起こす原因となります。また、機械学習ライブラリは通常のライブラリと比較して新しい機能を積極的に取り入れる傾向が強いため、不具合に悩まされることがよくあります。さらに、データの質やモデルの複雑性もシステムの不安定性を高める要因です。たとえば、訓練データにない新しいパターンが入力された場合、予測の精度が大幅に低下し、システムが要件を満たせなくなることがあります。

　そのため、推論システムを設計する際には、これらの不安定性を考慮し、障害発生時でもシステムの基本機能を維持できるフォールバック戦略や冗長性の確保を行うことが重要です。

　フォールバック戦略とは、システムが予期せぬ問題に遭遇した場合に備えて、代替の計画や手段を準備しておくことです（図2.3）。たとえば、推論結果の予測確率がある閾値を下回ったら人間のオペレーターに判断を委ねる、推論システムにアクセスできなくなったり、想定外の値を返した場合には単純なルール

● 図2.3　フォールバック戦略

ベースで代替する、などの措置が考えられます。

オンラインショッピングの例では、サーバー障害やネットワーク障害、ライブラリの不具合などの問題によって推薦システムが応答しなくなる状況が考えられます。このような状況下でも、ランキング上位の商品や閲覧中の商品と同じカテゴリーの商品を推薦するなど、機械学習に頼らないシンプルな方法で推薦する仕組みを構築しておくことで、顧客体験の低下を最低限に防ぐことができます。

2. リアルタイム性

リアルタイム性も、多くの推論システムにおいて重要な要件となります。とくにユーザーとのインタラクションが頻繁に発生するサービスでは、システムの反応速度が直接的にユーザー体験に影響を及ぼします。

オンラインショッピングの推薦システムでは、ユーザーが商品を閲覧している最中に、その商品とユーザーの嗜好に基づいた関連商品をリアルタイムに提示する必要があります。推薦に時間がかかってしまうと、ユーザーが適切な商品を見つけることができなくなり、機会損失が生まれてしまう可能性があります。2017年にGoogleの行った調査では、スマートフォン向けサイトの直帰率は読み込み完了時間が長くなるほど高くなることが報告されています[3]。

リアルタイム性を確保するためには、要件に応じて適切なシステムアーキテクチャを選択する必要があります。

アーキテクチャ選択に際しては、何が「リアルタイム」であるべきかを意識することが重要です。

たとえば、商品の推薦において、ユーザーの直近の行動履歴を用いた推薦を行う場合、推論処理をリアルタイムに行う必要があります。一方で、ユーザーの直近の行動は考慮せず、あくまで閲覧中の商品の関連商品を推薦する場合は、すべての商品について事前に推論を行ってデータベースに保存しておき、必要なときに参照するような実装とすることができます。そのため、リアルタイム

---

[3] https://www.thinkwithgoogle.com/marketing-strategies/app-and-mobile/mobile-page-speed-new-industry-benchmarks/

で応答する必要はありますが、リアルタイムで推論を行う必要はありません。

　リアルタイムで推論を行うのか、応答がリアルタイムであればいいのかによって適切なアーキテクチャはまったく異なるので、設計の際にはこの違いを意識しておく必要があります。現実のプロジェクトでは「リアルタイム」という言葉の指すものがメンバーによって異なり、混乱を招くケースがよく見受けられるので注意しましょう。

　第4章で紹介しているDeNAのフォローレコメンドの例は、必要なリアルタイム性を考慮に入れた上で適切なアーキテクチャを選定しているよい例です。

3. 入力データ量

　機械学習パイプラインでは、一般に数千件から数百万件、ときには数億件という大量のデータを処理する必要があります。一方、推論時に処理されるデータ量は一般的にはずっと少なくなります。

　たとえば、前述の推薦システムでリアルタイムに推論を行う場合を考えてみましょう。この場合には、ユーザーがページを訪れるたびに、ユーザー情報に基づいて個別の推薦が行われます。この場合、処理されるデータはユーザー1人分、つまり一度に処理するデータは高々1件のデータとなるのが一般的です。そのため、推論システムにおける入力データ量に関する要件は、機械学習パイプラインと異なり、一般的なシステムと似たものとなります。

　ただし、一度に処理するデータは高々1件のデータであるとしても、一般的なシステムと比較して計算資源の要求が大きくなることが多い点には注意が必要です。とくに、画像認識や自然言語処理などの非構造化データを扱う場合はモデルサイズが数百MBを超えることも珍しくありません。

　こういったモデルでリアルタイムな推論を行うには、GPUやTPU[4]といった特別な計算資源が必要になることがあり、システムの設計に大きな影響を与える可能性があります。

---

[4] GPU（Graphics Processing Unit）やTPU（Tensor Processing Unit）は、深層学習の訓練や推論を高速に行うためによく利用されるプロセッサー。詳しくは2.4節を参照のこと。

また、複雑な前処理が必要なケースがある点にも注意が必要です。

推薦システムの例では、各商品の閲覧回数やユーザーの過去の行動履歴など、さまざまな履歴データから特徴量を生成し、推薦に利用します。これらの履歴データは膨大になるため、アプリケーションデータベースではなく、ファイルストレージやデータ分析用のデータウェアハウス（DWH）に保存するのが一般的です。しかし、DWHはいわゆるOLAP（Online Analytical Processing）データベースであり、大量のデータを一括で処理することに特化して設計されています。これにより高いスループットを実現していますが、レスポンスタイムが遅くなる傾向があります[5]。

そのため、リアルタイム推論において都度DWHからデータを取得するのは現実的ではありません。そこで、リアルタイム推論を行う際には、これらのデータを事前に加工してアプリケーションデータベースに保存しておくなどの工夫が必要となります。近年では、2.1.2項で説明した通り、Feature Storeと呼ばれるサービスを用いて特徴量を管理することが増えてきています。Feature Storeには特徴量や推論結果をキャッシュしておく機能が備わっており、リアルタイム推論のパフォーマンス向上にも有用です。

DWHに存在するデータをリアルタイムに扱う例についても、5章に具体的な事例が紹介されています。

2.2.2 推論システムの代表的なパターン

前述した推論システムに求められる要件、とくにリアルタイム性を考慮すると、以下の代表的なパターンが挙げられます。それぞれの特徴について詳しく見ていきましょう。

❶**バッチ処理による結果のバッチ提供**：このパターンでは、大量のデータに対して定期的に推論を行い（バッチ処理）、その結果を一括で提供します（バッチ提供）。データの新鮮さが重要ではなく、大規模なデータセットを効率的に処理する必要がある場合に適しています。たとえば、日次または週次でのユ

---

[5] スループットは単位時間あたりに処理できるデータ量を指し、レスポンスタイムは要求に対してシステムが応答するまでの時間を意味します。

ーザー行動の分析やレポート生成などがこのパターンに該当します。

❷ **リアルタイム処理による結果のリアルタイム提供**：このパターンでは、新たなデータが入力されると同時に推論を行い（リアルタイム処理）、即座に結果を返します（リアルタイム提供）。リアルタイム性が極めて重要とされるアプリケーション、たとえばオンラインの不正行為検出やストリーミングデータからのリアルタイム分析などで採用されます。前述のユーザーの直前の行動を加味した推薦システムも、このパターンに該当します。

❸ **バッチ処理による結果のリアルタイム提供**：このパターンでは、一括で推論を行い（バッチ処理）、要求があった際に即座に結果を返します（リアルタイム提供）。事前に計算された結果を即座にアクセスできるように保持することで、計算資源の効率的な利用と迅速なレスポンスの両方を実現します。前述の推薦システムの例では、ユーザーの直前の行動を加味する必要のない場合は事前に推薦リストを作成しておくことができるため、このパターンを採用できます。

❶ **バッチ処理による結果のバッチ提供**

　このパターンは、大量のデータに対して一括で推論処理を行い、その結果を一定間隔や特定のタイミングでまとめて提供します。新しいデータが蓄積されても、次回の一括処理までの間は、そのデータが反映されることはありません。そのため、データの新鮮さが重要ではなく、大規模なデータセットを効率的に処理する必要がある場合に適しています。

　典型的な例としては、BIツールなどを用いた分析が挙げられます。DWHから取得したデータを一括で処理し、結果を再びDWHに書き戻すことでBIツールを通じて分析結果を閲覧できます（図2.4）。

● 図2.4　バッチ処理による結果のバッチ提供

具体例

A. マーケティングキャンペーンの効果分析

企業が新しいマーケティングキャンペーンを実施した後、その効果を分析する例を考えましょう。

キャンペーン期間中のユーザー行動データや販売データがDWHに蓄積されているものとします。これらのデータに対してバッチ処理を行い、キャンペーンの影響を受けたユーザー数、顧客エンゲージメントの変化などの分析を行います。この分析結果を再びDWHに格納し、BIツールを通じたレポートとして提供します。

マーケティングチームは、この分析結果をもとにキャンペーンの成果を評価し、次回のキャンペーン計画に活かします。迅速にキャンペーンの評価を行いたいのである程度のリアルタイム性は必要ですが、一括処理によるもので十分であり、利用時のリアルタイム性も不要なため、このパターンが適しています。

B. クレジットスコアの更新

金融機関が顧客の取引履歴を分析して、クレジットスコアを更新する例です。顧客の取引データ、支払い履歴、口座残高などのデータをDWHから集め、バッチ処理で一括分析を行います。

分析の結果得られたクレジットスコアは定期的（たとえば毎月または四半期ごと）に更新します。この場合、データの更新頻度は高くなく、リアルタイム性も不要です。

一方で、クレジットスコアの算出には一般に一定期間以上の過去の行動履歴が必要であり、また、すべての顧客に対して処理をする必要があります。そのため、大量のデータを効率的に処理できるバッチ処理が適しており、一定期間ごとに結果を提供したいので、このパターンが適しています。

バッチ処理による結果のバッチ提供は、データの大量処理が必要であり、レイテンシーへの要求が比較的低い場合に選択されるアプローチです。データ分析の深度や精度が重要で、大規模なデータセットを効率的に処理したい場合にとくに有効です。

このパターンは、リアルタイム性を考慮する必要もなく、シンプルな構成を

26

保ちやすいため、まずはこのパターンを適用できるか検討するとよいでしょう。

❷ リアルタイム処理による結果のリアルタイム提供

このパターンでは、新たなデータが入力されると同時に推論を行い、即座に結果を提供します。リアルタイム性が極めて重要とされるケース、たとえばリアルタイム分析やオンラインでの不正行為検出などに適用されます。実アプリケーションにおける機械学習の利用で、もっともイメージしやすいのがこのパターンではないでしょうか。このパターンでは推論結果を得るAPIを用意することが多いです（図2.5）。

データの新鮮さや即座のフィードバックが必要な場合に適していますが、大量のデータを処理するには適していない点、システム構成が複雑になりやすい点に注意が必要です。

● 図2.5　リアルタイム処理した結果のリアルタイム提供

具体例

A. リアルタイム配車システム

ライドシェアリングサービスにおける配車システムでは、利用者がアプリを通じて配車をリクエストすると、システムはリアルタイムで最適なドライバーを見つけ出してマッチングを行います。この際、現在地や目的地、ドライバーの位置などの情報を組み合わせて、最短の待ち時間や最適なルートを利用者に提供します。

ユーザーの現在地や目的地は事前に知ることができないため、リアルタイム処理が必要であり、マッチング結果も即時利用できないと意味がないため、このパターンが適しています。

B. オンラインの不正行為検出

オンライン決済システムにおいて、不正行為の検出はリアルタイムで行われ

る必要があります。

　取引が発生すると、その取引データは直ちに推論システムに送られます。推論システムは、異常なパターンや以前に報告された不正行為の兆候と照合し、不審な取引を検出します。不正行為が検出されると直ちに警告を発し、場合によっては取引を停止する措置をとります。

　仕組みにもよりますが、取引の停止は即時に行えることが望ましいことも多いため、このパターンが適しています。

　リアルタイム処理による結果のリアルタイム提供は、ユーザーの行動や状況の最新の変化に迅速に対応する必要がある場合に不可欠なパターンです。一方で、実際にシステムを組もうとすると、考慮点も多く、また実装も複雑になりがちです。

　そのため、本当にこのパターンが必要か、十分にシンプルな構成にできるか、検討する必要があります。

❸ バッチ処理による結果のリアルタイム提供

　このパターンでは、定期的なバッチ処理として推論を行いますが、その推論結果をアプリケーションデータベースに格納し、ユーザーからの問い合わせに対してリアルタイムに応答できるようにします。

　このパターンは**バッチ処理による結果のバッチ提供**と似ていますが、処理結果をDWHに書き戻すのではなく、アプリケーションデータベースに保存することで、リアルタイムな提供を可能とします（図2.6）。

　推論をバッチ処理で行うため、新鮮なデータを利用できないというデメリットはあるものの、推論時には大量のデータを用いた複雑な手法を利用でき、かつ、ユーザーにとってもリアルタイムに推論結果を利用できるというメリットがあります。また、アプリケーションと推論システムを分離することが容易なため、運用が容易になるというメリットもあります。

28

● 図2.6　バッチ処理した結果のリアルタイム提供

具体例

A. オンラインショッピングにおける関連商品の推薦

　オンラインショッピングサイトでは、各商品ページを訪れた際に、その商品に関連する他の商品を推薦することがよくあります。関連商品の推薦にはいくつかの方法がありますが、いわゆる協調フィルタリングと呼ばれる手法では、商品同士の関連性をユーザーの購買履歴や閲覧履歴をもとに推定します。

　商品同士の関連性は、ユーザーの直近の行動に強く依存するものではないので、推論処理は定期的に実行すれば十分です。一方、関連商品のリストは、ユーザーが商品ページを訪れるたびに必要となるため、アプリケーションデータベースに保存され、リアルタイムに表示されます。

B. ダイナミックプライシング

　ダイナミックプライシングとは、市場の需要と供給の変動、競合他社の価格戦略、顧客の購買行動などの要因をリアルタイムで分析し、商品やサービスの価格を動的に調整する戦略のことです。

　たとえばホテル業界では、需要と供給の変動、季節性、競合他社の価格などの要因から、ホテルの宿泊料金を動的に調整することで、売上の最大化と稼働率の最適化を図ることが一般的です。予約サイトなどで、閲覧タイミングによって価格が異なるのを経験したことがある方も多いかと思います。

　ホテルの価格設定には、さまざまなデータを収集し、すべての部屋タイプや日付に対して価格を設定する必要があるため、定期的なバッチ処理によって最適な価格の推定が行われるのが一般的です。また、推定された最適な価格はアプリケーションデータベースに保存され、ユーザーがページにアクセスするたびに表示されます。

　これらの具体例からわかるように、バッチ処理による結果をリアルタイム提

供することで、ユーザビリティを損なうことなく、大量データを用いた複雑な分析結果を利用することができます。

2.2.3 まとめ

本節では、実運用環境における機械学習モデルの推論に関わる要件と代表的なパターンについて詳しく見てきました。推論システムに求められる要件は、その利用環境によって大きく異なります。しかし、可用性、リアルタイム性、入力データの特性を考慮することが重要である点は共通しています。推論システムを構築する際には、これらの要件を念頭において、適切なシステムアーキテクチャを選択するようにしましょう。

2.3 技術選定

ここでは機械学習システムを実現する上での技術選定について述べます。

技術選定はその後の開発に大きく影響しますが、さまざまな選択肢を比較し、どれを採用するか決定することはとても難しいものです。また、次々と新しい技術が現れ、状況も変わっていくため、選定した技術の見直しも必要です。

ここでは技術選定における課題や検討すべき事項について確認します。

技術選定がうまくいかなかった場合、開発に対して悪い影響を与える負債となります。負債となる理由についていくつか具体例を確認しましょう。

まず、採用した技術の運用が、当初の見込みよりもはるかに複雑になってしまうのはその一例でしょう。より具体的には、開発効率の向上のために採用したソフトウェアやミドルウェアについて、アップデートを行おうとした場合に、アップデートのオペレーションが過度に複雑で継続を断念せざるをえないケースが見受けられます。

アップデートはセキュリティ対応などの理由から必須のオペレーションです。導入時にはそれを維持するためのコストを継続的に支払えるのか、検討が必要でしょう。

30

また、採用した技術は自分だけではなく、チームや組織として使っていくことになる点にも留意が必要です。

複雑な課題を解決するために、最新のソフトウェアやミドルウェアを導入したくなるのはエンジニアとして一度は経験することかと思います。一方、導入したソフトウェアやミドルウェアがあまりにも独特で複雑な場合、学習のために多大なコストを支払わなければいけない点には注意しましょう。そのようなソフトウェアやミドルウェアは、導入時には特定の個人がすべて対応できるかもしれませんが、スキルの横展開があまりにも困難なため組織内でスケールせず、導入したエンジニアが組織を去ってしまうと手を付けられない代物となってしまいます。

2.3.1 機械学習パイプラインの技術選定

以降では技術選定について、機械学習パイプラインを例にどのような選択肢があるのか確認しましょう。

機械学習パイプラインの構築は、機械学習を活用したシステム開発において一般的に取り組まれるようになってきました。各クラウドサービスプロバイダーも、機械学習パイプラインの構築に利用できる機能群を提供しているため、実装するためのハードルは下がってきています。以降では改めて、機械学習パイプラインの構築における選択肢を考えてみましょう。

大まかな方針としては次の4通りがありえるかと思います（図2.7）。

- オンプレミス
- クラウドサービス上にクラスターを構築
- クラウドサービスを組み合わせて利用
- 機械学習パイプライン専用のサービスを利用

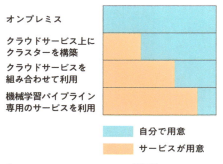

● 図2.7　機械学習パイプラインのアーキテクチャの選択肢

オンプレミス

　オンプレミスは必要なソフトウェアやハードウェアを自分たちで購入して構築し、機器の保守を含めて実施する方式です。クラウドの利用が当たり前となった現在であっても、機械学習用の環境をオンプレミスで構築することは、意外にも広く行われています。

　この選択肢を取ることのメリットは計算資源、とくにGPUの利用コストを低く抑えられる可能性があることです。大手のクラウドプロバイダーはGPUを利用できるインスタンスを提供していますが、機械学習の訓練のために必要なGPUを常時使えるようにしようとすると、費用はどうしても高額になりがちです。

　この選択肢を取るのは次のような条件に当てはまる場合がありうるでしょう。

- モデルの研究開発を行っており、常にGPUを用いた訓練を行っている。
- ハードウェアを含めた保守にかかるコストが許容可能である。
- 訓練環境としての利用であり、求められる可用性がそれほど高くない。

　数名程度からなる小規模な組織では、ハードウェアを含めた保守を自分たちで行ったとしても、そこにかかる労力は許容可能となるかもしれません。もし、それを超えた規模でこの選択肢を取る場合は、専門のチームを用意して組織的に投資していく必要があります。

　また、このケースでは可用性のすべてを自分たちで担保することになるため、いつ落ちてもいいような環境として運用するのならいいのですが、ミッション

クリティカルな環境として運用するのにはかなりの労力を要するというのは、歴史の教えてくれるところでもあります。

　これらの理由から、この選択肢はごく小規模な組織か、大規模な組織では検討の余地があると言えるでしょう。

クラウドサービス上にクラスターを構築

　クラウドサービス上にクラスターを構築して運用するのには、機械学習アルゴリズム以外のさまざまな技術が必要になります。

　この選択肢を取ることのメリットは、組織内の運用に載せられる点と、クラウドサービスプロバイダーが提供するアクセラレーターを用いられる点が挙げられます。 もし、セキュリティなどの観点からポリシーが厳しく制定されており、それに準拠するために組織内でのクラスターの管理や運用を行っている場合、その上に機械学習パイプラインをデプロイするのは一考の余地があります。

　機械学習パイプラインは一般的に、前処理やバッチ推論を行っている期間など、永続的にではなく一時的に計算資源を大量に要求します。既存のクラスターがそのような処理を実行できるかどうか、また、メモリなどの計算資源を機械学習パイプラインが使い果たしてしまった際に、同じクラスター上で動く他のサービスに影響しないかは慎重な確認が必要でしょう。

　クラウドサービスプロバイダーの提供するアクセラレーターを利用することで、訓練時や推論時のパフォーマンスの問題を大幅に改善できる可能性があります。このようなアクセラレーターの利用については、実例が第2部の7章にあります。

クラウドサービスを組み合わせて利用

　クラウドサービスを組み合わせて利用するのは、クラウドサービスの利用においてかなり一般的な選択肢でしょう。

　この選択肢を取ることのメリットは、自由度と運用にかかる労力を程よくバランスさせられる可能性があることです。 クラウド上でサービスを組み合わせて利用するのはかなり一般的なため、FaaS（Function as a Service）のような

サービスとワークフローサービスを組み合わせてパイプラインを構築することで、クラウド上でアプリケーションを開発する上での経験やノウハウを活かせるでしょう。

　一方、利用可能なハードウェアやライブラリに制限がある点は注意が必要です。GPUなどの各種アクセラレーターはFaaS上では利用できないことも少なくありません。また、利用できる計算資源や実行時間に制約があるため、機械学習パイプラインが現実的に実行できるのか、事前に慎重な確認が必要でしょう。

機械学習パイプライン専用のサービスを利用

　機械学習パイプライン専用のサービスは、自分たちの要件に当てはまる場合はよい選択肢となるでしょう。

　たとえば、機械学習パイプラインの要件として検討すべきものに、リネージや可視化が挙げられます。リネージは、処理の入力となったデータや、そのデータを処理したコード、訓練済みの機械学習モデルなどの生成物の依存関係の管理を指します。機械学習タスクでは訓練中の損失の推移や精度の確認、モデルの解釈のためにグラフの描画が行われますが、それらの表示や共有も必要となります。機械学習パイプライン専用のサービスを利用することで、このような要件への対応は行いやすくなるでしょう。

　一方で、これらのサービスではサービス固有なフォーマットやライブラリを利用してパイプラインを開発する必要があります。また、権限設定などで固有のノウハウが必要になることも珍しくありません。クラウドサービスプロバイダーからサポートを十分に受けられるかどうか、確認しておくとよいでしょう。

　ここまで見てきたいずれの選択肢も、すべて採用したときの利点と欠点がありました。このため、技術選定においては上記の利点や欠点について把握しつつ、自組織の状況やコスト、求められるパフォーマンスを踏まえた上で、妥当な選択をすべきでしょう。

2.3.2 技術選定において留意すべき観点

最後に、技術選定の際に留意すべき観点について述べます。ここまでで見てきたように、技術選定においては自分たちの要件をすべて完全に満たすような正解は存在しない場合が大半でしょう。そのため、さまざまな観点から比較検討し、決定する必要があります。ここではどのような観点について検討が必要なのか考えてみましょう。

まず、**一般的なソフトウェア開発に関する技術選定と同様の観点**での検討は必要でしょう。コストや非機能要件といった従来も行ってきた観点での検討が必要です。

これらの観点で検討を進める上で、機械学習に特有なものとして、GPU などのアクセラレーターの存在が挙げられます。アクセラレーターの導入のためにはドライバーなど追加のソフトウェアが必要になったり、コンパイルなどの追加の工程が必要になったりします。運用にかかる労力も含めた広い意味での運用コストを検討する際には、これらの管理も含めて考える必要があるでしょう。

また、**その技術に対する経験の深さ**は機械学習を利用する場合、一段と重要になります。機械学習を利用する場合、利害関係者が多くなりがちで、利用するデータのドメイン（データの対象領域）に起因した問題が次々に発生します。組織的に共通した理解のある技術を採用しておくことは、そのような問題に素早く対処するために役に立つでしょう。

経験の種類は大まかに、チーム内の経験、組織内の経験、組織外の経験と分けられます。さらに細分化して、個人の経験も検討の範疇に含めることもできますが、ここでは考慮しません。特定個人のみが理解できる技術を採用する危険性はすでに述べた通りです。

チーム内の経験については、チームにデータサイエンティストとエンジニアが混在する場合、それぞれの専門分野に対する経験が大きく異なることは考慮すべきです。幅広い選択肢を取れるように、ハッカソンなどを通じて新技術を試しておくとよいでしょう。

組織内の経験としては、**チーム間でインフラに対する経験が大きく異なる**ことは考慮すべきでしょう。データサイエンスや機械学習を活用するチームと、Kubernetesなどを利用して構築した基盤を運用するチームではインフラに対する経験値が大きく異なります。

たとえば、組織としてKubernetesを広く運用している場合、機械学習基盤としてKubernetesを採用するのは悪くない選択肢です。その場合、相対的に経験の低いデータサイエンスや機械学習を活用するチームにはインフラに対するサポートが必要となるため、併せて検討するとよいでしょう。一方、すでにKubernetesを広く運用している場合であったとしても、その上で動くKubeflowなどの機械学習特有のサービスを運用するためには別の種類の経験が必要です。そのようなケースでは、たとえばKubernetesデフォルトの機能など、自組織で慣れ親しんだ機能で実現できないか検討するとよいでしょう。

最後に、組織外の経験です。これは他社事例などとも呼ばれ、技術選定にあたって参考にするのはよいでしょう。

しかし、組織内の経験のほうが組織外の経験よりも重要です。機械学習だからという理由だけで機械学習用のサービスを採用するのではなく、**慣れ親しんだ機能で実現できないか検討**するとよいでしょう。

また、どうしても不慣れな技術を採用せざるをえないケースもあるかと思います。そのような場合に備えるため、サービスプロバイダーなどから技術的なサポートを受けられるような体制を構築しておくとよいでしょう。

2.3.3 まとめ

ここでは機械学習パイプラインを例に、技術選定における選択肢を列挙し、それぞれの選択肢について利点と欠点を確認しました。

どの選択肢にも利点と欠点が存在するため、達成したい目標やコストなどを踏まえ総合的に判断することになります。選択肢を幅広く取れるよう技術的な調査を欠かさないようにしましょう。

また、評価の際には机上での比較だけではなく、実際に動かして技術的な検証を行いましょう。

また、その後、技術選定において考慮すべき観点を検討しました。考慮すべき観点は多岐にわたりますが、本節では経験を重点的に取り上げました。

　採用した技術は一度使って終わりではなく、組織として運用していくことになります。そのため影響範囲は広く、アーキテクチャだけではなく、採用といった組織設計にも影響します。技術選定は大きな影響を及ぼすことを覚えておきましょう。

　一方で、採用する技術によってはビジネス上の大きな課題を解決できることもあります。このため、リスクを回避するだけではなく、ビジネス上の課題解決のためにどのようにリスクを受け入れるかの決断が必要となることもあります。

　実際に、限られた時間内で技術選定を行い、本番環境で運用した事例は第2部の7章で紹介しています。

2.4 機械学習の実行環境とアクセラレーター

　ここでは、機械学習、とくに深層学習の訓練や推論で用いられるアクセラレーターを取り上げます。

　深層学習には、精度や汎用性が高く、さまざまな分野で応用しやすいという利点があるため、画像認識、自然言語処理、音声認識など多岐にわたるタスクで利用されています。

　しかし、深層学習には従来の機械学習やルールベースのアルゴリズムと比較して計算量が膨大になりやすいという欠点もあります。図2.8は、主要な機械学習モデルの訓練に必要な計算量の推移を表しています[6]。深層学習の登場により、訓練に必要な計算量が急激に増えていることがわかります。

6　Epoch AI, 'Parameter, Compute and Data Trends in Machine Learning', epochai.org. グラフは https://epochai.org/data/epochdb/visualization をもとに作成。

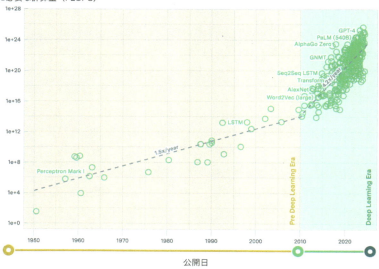

●図2.8　機械学習モデルの訓練に必要な計算量の推移

　この計算量の問題を解決するために、深層学習向けに特化した演算処理を行うハードウェア、いわゆるアクセラレーターが広く使用されています。

　CPUだけで処理するのではなく、アクセラレーターを適切に組み合わせて利用することにより、CPUだけで計算していた場合には時間がかかりすぎて現実的ではなかったモデルの訓練や推論を高速に実行できるようになります（図2.9）。

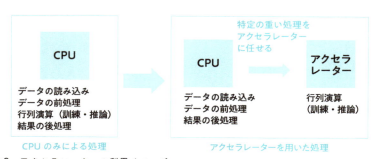

●図2.9　アクセラレーターの利用イメージ

2.4.1 アクセラレーターの種類

「アクセラレーター」という用語は、機械学習、とくに深層学習の訓練や推論を高速化するために使用されるハードウェアの総称です。

アクセラレーターには、主に訓練で使われる大量データと大量の演算に適したものから、エッジデバイスでの利用を想定した低消費電力に特化したものまで、さまざまな種類があります。また、利用可能な環境も異なります。そのため、要件にあったアクセラレーターを選択する必要があります。

以下は、2024年時点における主要なアクセラレーターです。

● GPU（Graphics Processing Unit）

GPUはもともとグラフィックス処理向けに開発されたハードウェアですが、2000年代には科学技術計算でも利用されるようになり、2012年以降の深層学習の進化とともに広く使われるようになりました。GPUは並列処理に優れ、大量の行列やテンソル演算に適しており、深層学習フレームワークの多くがGPUをサポートしています。代表的なプラットフォームとしてNVIDIAのCUDA[7]やAMDのROCm[8]がありますが、とくにCUDAはその長い歴史と普及度合から、多くの研究者や開発者に利用されています。

● TPU（Tensor Processing Unit）

TPU[9]はGoogleの開発した機械学習の訓練と推論に特化したアクセラレーターです。GPU同様PyTorch、JAX、TensorFlowなどの主要なライブラリにサポートされています。TPUは行列乗算ユニット（MXU）や独自の相互接続トポロジなど、深層学習で多く用いられる演算に最適化された機能を備えており、GPUよりもエネルギー効率が高いと言われています。2024年時点において単体での販売はなく、クラウドサービス経由での利用となります。

● NPU（Neural Processing Unit）

NPUは深層学習に特化したアクセラレーターの総称です。広義にはTPUの

---

[7] https://developer.nvidia.com/cuda-toolkit
[8] https://www.amd.com/en/products/software/rocm.html
[9] https://cloud.google.com/tpu

ような大規模な演算に適しているものも含みますが、主にモバイルやエッジデバイスにおける推論処理に特化したものを指します。バッテリーに限りのあるモバイルやエッジデバイスにおいて、エネルギー効率のよい推論を可能としており、たとえばAppleのiPhoneでは、2017年よりNPUの一種であるApple Neural Engine[10]が、GoogleのPixelではEdge TPU[11]が採用されています。近年はPC向けのNPUも広がりを見せています。

● その他のアクセラレーター

AWSの訓練に特化したAWS Trainium[12]や推論に特化したAWS Inferentia[13]、FPGA（Field-Programmable Gate Array）を利用したソリューションなど、多様なアクセラレーターが開発・提供されています。

2.4.2 アクセラレーターの選択

では、どのアクセラレーターを利用するのがよいのでしょうか？ 機械学習では、一般に訓練と推論で環境が異なるため、それぞれで適切なアクセラレーターを選択する必要があります。

訓練フェーズでは、大量のデータを用いた複雑な処理を行うことになります。そのため、アクセラレーターとしてはGPUやTPUなど、大規模な演算処理を得意としているものを選択するのが一般的です。環境も、GPUやTPUを利用できるクラウド環境や独自のサーバー環境を選択することになります。

一方で推論時に求められる要件は用途によって大きく異なるため、環境に合わせた適切なアクセラレーターを選択する必要があります。たとえばWebサービスでの利用を想定しており、クラウド環境で推論を行う場合は、高性能なGPUが検討対象となるでしょう。一方でモバイルやエッジデバイスで推論を行う場合は、そのデバイスで利用可能な専用のNPUを選択することになります。

---

10 https://www.macobserver.com/tips/deep-dive/what-is-apple-neural-engine/
11 https://cloud.google.com/edge-tpu
12 https://aws.amazon.com/jp/machine-learning/trainium/
13 https://aws.amazon.com/jp/machine-learning/inferentia/

推論環境とデプロイプロセス

　利用するアクセラレーターによっては、デプロイプロセスが変わる場合があります。たとえばNPUを利用する場合、訓練済みのモデルを専用のフォーマットに変換（コンパイル）する必要があることがあります（図2.10）。

　また、モバイルデバイスやエッジデバイスで推論を行う場合は、モデルを量子化し、メモリ効率を向上させることが一般的です。モデルの量子化には精度劣化が伴うので、量子化を行う場合は量子化前のモデルだけではなく量子化後のモデルについても精度評価を行うのが望ましいです。

訓練環境　　　　　　　　　　　　　　　　　　　　推論環境

訓練データ → 訓練 → 訓練済みモデル → 変換・量子化 → 変換済みモデル → デプロイ → デプロイ済みモデル

● 図2.10　エッジデバイスへのデプロイプロセス

　また、アクセラレーターによっては、必ずしもすべてのモデルを変換できるわけではない点に注意が必要です。たとえばEdge TPUには以下のような制約があります。

❶ メモリサイズは8MBであり、それ以上に大きなモデルを利用できない（それ以上に大きなモデルの場合は、一部がメモリに載らないためにアクセラレーターによる高速化の恩恵が限定的になる）。

❷ 対応しているのは整数演算のみである。そのため、モデルは事前に量子化しておく必要がある。

❸ 利用可能な演算の種類が決まっており、特殊な演算を利用しているモデルはEdge TPU上で動かすことができない。

　そのため、Edge TPUを使う場合は、これらの制約内で利用可能なモデルを構築する必要があります。

　このように、推論環境やアクセラレーターの選択によっては利用可能なモデルが制限されたり、デプロイプロセスが複雑になる可能性がある点を認識しておく必要があります。

GPUライブラリの環境依存性

専用のNPUではなくGPUを利用していたとしても、訓練環境と推論環境の差に悩まされることがあります。

とくに、訓練と推論の環境においてGPUの世代やドライバーのバージョンが異なる場合は注意が必要です。たとえば、訓練時には高価な最新のGPUを使用したものの推論時にはより価格の安い古い世代のGPUしか利用できなかったり、環境の違いにより訓練時と推論時でドライバーのバージョンを合わせられない状況が考えられます。

機械学習関連のライブラリの多くは他の一般的なライブラリよりも新機能を積極的に取り入れる傾向があり、依存ライブラリのバージョン変化に敏感です。そのため、利用しているGPUドライバーのバージョンによって挙動が変わったり、正常に動作しなくなることもあるため、訓練時と推論時の環境の違いが厄介な問題を引き起こすことがあります。

このような環境の違いによる問題に対処するには、訓練と推論の環境をできるだけ揃えることが重要になります。その方法の一つが、Dockerのようなコンテナ技術を活用することです。コンテナを使用することで、特定のライブラリや依存関係を含んだ環境を構築し、その環境をそのまま訓練から推論の段階に持ち込むことができます。もちろん、ハードウェア自体の差を吸収することはできませんが、ドライバーやライブラリのバージョンは統一できるため、厄介な問題が発生しにくくなります。

アクセラレーターを利用しないという選択肢

ここまではどのアクセラレーターを選択するか述べましたが、必ずしも高性能なGPUや専用アクセラレーターが最適とは限りません。とくに、コスト面を考慮すると、GPUなどのアクセラレーターはCPUに比べて高価であることが多いです。そのため、大規模な消費者向けウェブサービスのように膨大なリクエストを処理する必要がある場合、推論処理にGPUを全面的に使用することは経済的ではない可能性があります。

このような状況では、コスト効率を考慮してCPUの使用が望ましい選択肢となります。CPUに切り替えることで、推論コストを抑えることが可能になります。さらに、GPU固有の問題に直面しないため、よりシンプルな運用が可能に

なり、結果として運用コストの削減にも寄与します。

データ量が多く、すべての処理をCPUで行うのが難しい場合には、CPUとGPUを組み合わせて利用するという選択肢もあります。

たとえば推薦システムでは、直接推薦を行うのではなく、一度候補の絞り込みを行った後に候補の中から推薦するというアプローチをとることができますが、事前の絞り込みはGPU上のバッチ処理で行い、絞り込まれた候補の中からの推薦は軽量なモデルを用いてCPU上で行うといった工夫ができます[14]。

2.4.3 まとめ

機械学習ととくにその中でも深層学習の分野は、計算資源に対する要求が厳しく、この要求に応えるためにさまざまなアクセラレーターが開発され、利用されています。これらのアクセラレーター、たとえばGPU、TPU、NPUなどはそれぞれ異なる特性を持ち、用途や実行環境に応じて最適な選択を行う必要があります。

アクセラレーターの選択は、モデルの訓練速度を向上させるだけでなく、推論時のレイテンシーやエネルギー効率にも大きな影響を与えます。また、とくにエッジデバイスやモバイルデバイスにデプロイする際には、デバイスのハードウェア制約を考慮した上でモデルの変換や最適化が求められることもあります。このような背景から、機械学習プロジェクトにおいては、アクセラレーターの選択と利用がプロジェクトの成功に直結する重要な要素となっています。

2.5 機械学習システムのモニタリング

ここでは機械学習システムのモニタリングについて述べます。まず、機械学習のモニタリングに特有な難しさについて確認したあと、モニタリングの方針について検討します。機械学習のモニタリングについては、入力とするデータの種別（たとえば、表形式データ、画像データ、文章データ）で大きく取り組みが異なります。そのため、表形式データと、画像・文章といった非構造化データについて、可能なモニタリングの方法をそれぞれ検討します。最後に、モ

[14] https://cloud.google.com/tpu

ニタリングする項目の検討方針について触れるので、自分のサービスにどの程度までモニタリングとして取り組むのか、検討する上で役に立つでしょう。

ここではシステム的なモニタリングについて述べ、ビジネス的なインパクトの継続的なモニタリングについては改めて3.4節で述べます。

2.5.1 機械学習のモニタリングに特有な難しさ

機械学習の監視は、一般的なシステムのモニタリングとは異なる、特有の難しさがあります。機械学習を行っている場合、モデルが異常な振る舞いをしているかどうかを、エラーの有無だけから判断することはできません。Googleによるデータバリデーションに関する論文[15]で述べられている次の例を考えてみましょう（図2.11）。

- 機械学習パイプラインが組まれており、モデルを継続的に訓練させてデプロイする運用を実行中
- ある日エンジニアがバグを含んだコードをデプロイしてしまい、ある重要な特徴量の値が特定の値（たとえば異常を表す –1）に固定されてしまった
- 機械学習モデルは訓練も推論もできるものの、性能はエラー発生前よりも低下してしまった

このシナリオにおいて、バグを含んだコードのデプロイ前後ともに、機械学習モデルの入力と出力はともに値としては妥当なことに注意しましょう。このため、**機械学習モデルの入出力に対して通常の閾値モニタリングを行っても、このようなエラーを検知することは困難です。**

では望ましいモニタリングとは一体どのような方法になるでしょうか。以降では機械学習システムにおけるモニタリングの方法について検討します。

---

[15] Eric Breck and Marty Zinkevich and Neoklis Polyzotis and Steven Whang and Sudip Roy "Data Validation for Machine Learning" Proceedings of SysML (2019) https://mlsys.org/Conferences/2019/doc/2019/167.pdf

●図2.11　エラーが発生しなくても機械学習システムは壊れる

2.5.2 モニタリングの方針の検討

　機械学習システムの中で比較的単純な機械学習APIを例として、モニタリングすべき項目について検討しましょう。

　通常のシステムにおけるモニタリングすべき項目は引き続き使えます。機械学習を用いていたとしても、情報処理システムの一種であることに変わりはありません。メモリ利用率などの計算資源の利用状況に関わる項目や、起動しているプロセス数といったOSレベルでの監視、HTTP（HTTPS）を利用しているのならば2xx以外のステータスの発生回数やレスポンスを返すまでのレイテンシーといった項目は機械学習システムにおいても引き続き重要です。また、データベースへの入力において典型的に行われる、入力の型や欠損の有無について、事前定義されたスキーマを用いた検証を行うことも有効でしょう。スキーマを用いた検証においても機械学習独特の難しさがあるため、詳細を後ほど述べます。

　これらのシステムの監視項目に加え、機械学習に特有な要素について追加で考慮します。まず、機械学習システムにおいて考慮したい事象として、**機械学習モデルの精度**が挙げられます。ECサイトにおけるレコメンドなど、モデルの予測結果の正否がすぐにわかるケースでは、機械学習モデルの精度を算出しておき監視するとよいでしょう。一方で、**精度指標は手に入るまでに時間がかか**

ることがあります。たとえば、与信審査では数カ月先に貸し倒れるかどうかを予測することがあります。そのようなケースでは予測結果が正しかったかどうかは数カ月先にならないとわかりません。このため、精度指標以外の代替手段についても検討します。

精度指標以外に検討すべき観点として、**データのドリフトの検出**が挙げられます。データのドリフトについてはいくつかの定義がありますが、ここではざっくりと、訓練環境で用いた訓練用のデータの分布と、本番環境で用いる推論用のデータの分布が異なることとします。一般的に、機械学習モデルの性能は訓練データに含まれるような既知のデータと比較して、未知のデータに対しては低下することが知られています。このため、データのドリフトを検出することはモデルの性能低下を検出することに繋がります。

精度指標を用いた監視についてはよく触れられますが、データのドリフトについての監視については触れられることが比較的少ないように思います。以降ではデータのドリフトを主に取り上げます。

2.5.2.1　表形式データの場合

まず、表形式データを入力とする機械学習モデルについて考えましょう。このような場合には、訓練データと推論データを比較して差異を計測する方法が一般的です。差異の測り方は、それぞれの推論データに基づくものと、推論データの集合に基づくものの2つに大別できます。

スキーマを用いたモニタリング

表形式データの場合、それぞれの推論データについて訓練データとの差異を測る方法は、スキーマを用いて推論データがスキーマに違反していないかどうかモニタリングする方法が第一選択となるでしょう。スキーマとはそれぞれの特徴量が取りうる値の種類や範囲を指しており、特徴量の型（整数型、実数型、文字列型）や、欠損の有無、カテゴリカルな値であれば許される値のバリエーションといった情報が含まれます。実装においては何らかの設定ファイルとして記述されるでしょう。

すでに述べたように、スキーマを用いたモニタリングは、通常のシステムでも行われる取り組みです。ですが、機械学習モデルの場合、追加でいくつかの検討が必要となるので確認していきましょう。

まず、**「欠損を表す値」がnull値だけだとは限らない点**に注意が必要です。たとえば、ユーザーの特定の行動回数（たとえば、ECサイトであれば特定期間におけるユーザーのログイン回数）において、その行動がまったく計測されなかった場合、集計結果は0回となるでしょう。これは妥当な値である一方で、もしほとんどのユーザーに対してその行動回数が0回となっているのであれば、データの収集仮定において、p.15の例のような何らかの不具合が発生していることを示唆します。このような欠損を表す値について、データの収集過程を踏まえて検討しておくとよいでしょう。

また、**機械学習モデルでは特徴量が莫大な数になることが少なくない**ことについても注意が必要です。表形式データを入力とする機械学習モデルにおいて、特徴量の数が数百を超えることは珍しくありません。さらに、機械学習モデルの改良を行う場合、特徴量を追加・変更・削除することも一般的なため、スキーマを人手で記述することは現実的ではないケースがあります。このような場合には訓練データ全体からのスキーマの自動生成を行うツールが有用です。ツールの調査と導入について、検討するのがよいでしょう。

分布の比較によるモニタリング

ドリフトを検出するためには個々の入力データだけではなく、データセットの分布についても着目する必要があります。

例として、需要予測を行う機械学習モデルにおいて、各ジャンルの商品の前日の売上を特徴量として用いている場合を考えましょう。この特徴量のスキーマは「0以上の値」と幅広いものになるでしょう。商品の売上は大手メディアで取り上げられるといった外部要因によって大きく変化するため、この変化を捉えることは重要です（図2.12）。一方で、スキーマによる検知のみを行っている場合、このような変化を捉えることは難しいでしょう。

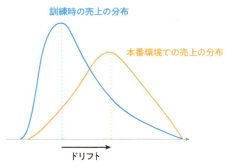

● 図2.12　売上の分布におけるドリフト

　このようなケースでは、**訓練データと本番環境での推論データの分布の差異**を捉えるような指標が重要となります。指標としてはJSダイバージェンス（Jensen-Shannonダイバージェンス）などの確率分布の差異を測る指標や、χ^2統計量などの統計的仮説検定で用いられる指標も用いられることがあります。これらの指標はスキーマの違反と比較して解釈が困難です。重要な特徴量のパーセンタイル値を可視化して日々モニタリングするといった、解釈がしやすい方法についても検討するとよいでしょう。

2.5.2.2　非構造化データの場合

　非構造化データを対象とする機械学習モデルのモニタリングは、構造化データよりも一般に困難です。非構造化データの場合、スキーマのように訓練データを要約した情報を得ることが難しいため、訓練データと推論データの差異を定量的に測定することが困難です。このため何らかの代替手段を検討する必要があります。

　画像を入力とするモデルの場合、画像のサイズや輝度、シャープネスといった数値を計算しておき、これらの数値を表形式データと同様にモニタリングすることが考えられます。これにより、カメラのセンサーが故障している、照明の不具合により暗い画像しか撮影できなくなってしまっているといった事象の検知が期待できるでしょう。

自然言語を入力とするモデルの場合、単語の出現頻度に着目することは大事な観点でしょう。とくに、訓練データに含まれていない単語の出現頻度は重要な指標となるでしょう。訓練データに含まれていない単語の出現頻度が高くなってきたことは、訓練データと異なるデータが推論データとして現れていることを示します。このため、訓練データに含まれていない単語の出現頻度が高くなってきたことは、再学習のプロセスを始めるいいきっかけとなるでしょう。

　また、推論結果についてモニタリングしておくことも検討する価値があるでしょう。たとえば、ユーザーのレビューについてポジティブ/ネガティブの分類を行うモデルの場合、ネガティブだと判定された文章の割合が訓練データと比較して増加していることは、機械学習モデルに限らずサービスに何らかの変化があったことを示唆します。このようにモデルの出力をモニタリングしておくことは、十分に検討の価値があるでしょう。

2.5.3　本番環境でのテスト

　本番環境を用いたテストについては、モニタリングと異なる文脈において語られることが多いですが、両者には密接な関係があります。本番環境を用いたテストについても確認しましょう。

　機械学習に限らず、サービス開発において、**カナリアリリース**や**A/Bテスト**を行うことはかなり一般的になってきました。カナリアリリースは、新しいバージョンのコードのリリース時に、ユーザーからのすべてのリクエストに対して更新を適用するのではなく、ユーザーからの限られた一部のリクエストにのみ更新を適用することを言います。これにより、サービスの更新による不具合の影響を局所化できます。

　A/Bテストは比較したい2つのバージョンのサービスを同時に利用可能にし、ユーザー単位で異なるバージョンのサービスにアクセスさせることで、どちらのバージョンのサービスのほうがより優れているのかを明らかにする方法です。A/Bテストはユーザーインターフェイスの改善やマーケティングの文脈で取り組まれることが多く、2つの異なるバナーのうち、どちらのほうがよりユーザ

ーにクリックされやすいかの検証のために、取り組まれることがあります。

これらの取り組みを行うためには、モニタリングの仕組みを整えておく必要があります。カナリアリリースのためにはエラーの発生件数やレイテンシー、メモリ利用率などのサービス運営のために必要な指標を取得し、モニタリングする必要があります。A/Bテストのためには、異なるバージョンを比較するための指標（離脱率などのユーザー行動に起因するものを設定することが多い）を設定し、その指標を追跡する必要があります。これらは、ここまでに述べてきたモニタリングに必要な仕組みと同じです。

機械学習モデルの更新においても、カナリアリリースやA/Bテストの取り組みを適用できます。カナリアリリースを行うことで、機械学習モデルの更新に伴う、破壊的な変更による不具合の影響を極小化できるでしょう。また、更新前のモデルと更新後のモデルとを精度指標でA/Bテストすることで、更新後のモデルのほうが更新前よりも実世界における精度がいいのかどうか、確認できます。

一方で、本番環境を用いたテストが常に現実的だとは限らない点には注意しておきましょう。

まず、そのようなテストは不平等な状況を引き起こしうることに注意しましょう。たとえば、A/Bテストの実行中では、ユーザーによって異なる振る舞いをすることになります。機械学習モデルによって算出された個々のユーザーの購買確率の予測を行い、その確率に基づいて有望そうなユーザーには値引きやクーポンの付与を行うといったマーケティングキャンペーンを行っている場合、条件がほぼ同じユーザーであっても、片方のユーザーは値引きが適用され、片方のユーザーには値引きが適用されないという不平等な結果となりえます。このような事象がユーザーにとって受け入れられるものであるかどうか、機械学習モデルを適用するサービスの特性に照らし合わせて検討が必要です。

また、実世界の精度指標に基づく判断は、機械学習を適用するタスクによっ

==ては時間や費用などのコストが必要になる==ことに注意しましょう。

　たとえば、与信審査のようなタスクでは、3カ月後や1年後に貸し倒れしないかどうかといった、長時間経過後の状況を予測することがあります。このような場合、精度指標の計算には少なくとも3カ月かかることになるため、精度指標のみに頼る判断では意思決定の速度が遅くなってしまうでしょう。

　他にも、物体認識などのモデルでは、精度指標の算出に必要となる正解ラベル（この場合、画像中に含まれる人や標識などの物体の座標と範囲）は人手で作成することが一般的です。この正解ラベルを画像ごとに割り振る作業には時間も労力もかかるため、実世界の精度指標のみに基づく判断にはコストがかかります。

　実世界の精度指標を測定しモニタリングするような仕組みを整えておくことは重要ですが、それが現実の運用に即しているかどうかは事前に検討すべきでしょう。

2.5.4　まとめ

　機械学習のモニタリングについて、これまでにさまざまな方法を述べてきました。最後にまとめとして、実際の検討上の注意について触れます。

　==機械学習のモニタリングの検討においてもっとも重要なことは、過度な検討を避けることです。==機械学習という不確実性の高いものであっても、できる限り安定的に運用したいという要求は正当なものですが、機械学習を用いるほど複雑なタスクに対して、運用に必要となる可能性のあるすべての情報を事前に検討しきることは至難の業です。広く一般に機械学習のモニタリングについて情報収集することは有益ですが、自組織に必要な項目が出揃うまで情報収集しようとすると、時間がかかりすぎてしまうでしょう。

　一方で、何らかの事象が発生したときに、自組織で取れる対応はそれほど多くはありません。多くの場合は切り戻しが第一選択となるでしょうし、再学習や、原因究明を行うためのデータ分析プロセスの開始なども典型的な対応でしょう。自組織でどのような場合にどのような対応を行いたいのか洗い出してから、その対応を行うために必要な情報を洗い出し、必要な情報を収集するよう

モニタリングの仕組みを設計すると検討が現実的な範囲で収まります。

　また、運用を続けていくことで、機械学習のモニタリングにより検知したい事象について、より深い理解が得られていきます。モニタリングしたい項目の追加があとからでもできるように、事前に検討しておくとよいでしょう。

2.6　データの品質管理

　ここでは機械学習を活用する場合のデータの品質について述べます。コードや設定で振る舞いが決定論的に定まる既存のシステムとは異なり、**機械学習システムではシステムの振る舞いはデータにも依存します。**このため、データの品質にも気を配る必要があります。

　ここではデータの品質管理に関する取り組みについて、Data-Centric AI[16]で取り上げられた取り組みを、次の領域それぞれについて紹介します。

- データの収集
- データのラベリング
- データの準備
- データの削減
- データオーグメンテーション

2.6.1　データの収集

　機械学習モデルのバイアスは、データの収集方法に起因するものがあります。たとえば、与信審査のための機械学習モデルを作成する際に、融資を行った人だけを対象にしてしまうとバイアスが生じる可能性があります（図2.13）。このバイアスは融資を行わなかった人のデータが欠けることに起因しており、収入を低く見られて審査が通りにくい属性の人やマイノリティに対するデータが不足してしまうために生じます。このような場合、データが不足している属性

---

16 機械学習モデルの品質向上のため、アルゴリズムではなくデータを改善することで機械学習システムの品質改善に取り組むムーブメント。Andrew Ng などの著名な人物も参加している。

の人に対しては、モデルの推論精度が低下したり、モデルの推論結果に差別的なバイアスが生じる可能性があります。

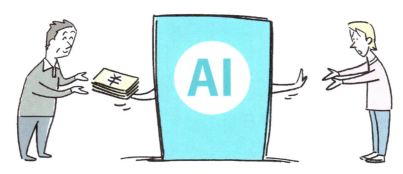

● 図2.13　AIによる差別的なバイアス

　このようなデータ収集過程のバイアスに対応するため、データセット作成時にデータの収集過程を含めてドキュメント化する動きがあります。

　データの収集過程に起因するバイアスを、集められたデータだけから検出することは現実的ではありません。**データの収集過程におけるバイアスを回避、ないしは影響を緩和するためには、データの収集方法について専門家によるレビューが必要です。**

　ドキュメントを作成して専門家によるレビューを行うことで、データの収集過程におけるバイアスについて事前に気が付く、あるいはバイアスが生じる可能性についてドキュメントに明文化しておくことができるでしょう。

　現在はドキュメントの標準化についていくつかの提言がなされています。たとえば、**モデルカード**[17]や**データシート**[18]といったテンプレートは、そのようなドキュメントのテンプレートの一つです。

　一方、どのようなドキュメントを作成すべきか業界全体としての共通見解はまだ存在しないため、作成するドキュメントの項目や記載内容については各組

---

[17] Google Cloud Model Cards https://modelcards.withgoogle.com/about
[18] Timnit Gebru et al. "Datasheets for Datasets". Communications of the ACM 64.12 (2021): 86-92. https://arxiv.org/abs/1803.09010

織での検討が必要です。

また、収集するデータについては、**法的な要件についても確認が必要**でしょう。

データの収集や保存に関しては、たとえば個人情報保護の観点から検討が必要です。実際にそのデータを機械学習モデルを用いるサービスで使用してよいかどうか検討することは極めて重要です。

判断には極めて高度な専門性が求められるため、もしそのような判断が必要となった際には**専門家の支援を依頼するとよい**でしょう。

2.6.2 データのラベリング

画像や文章といった、非構造化データのラベリング（アノテーション）は人手でなされるのが大半でしょう。

機械学習モデルをうまく訓練させるためには、一貫性のあるアノテーションが必要です。一方で機械学習モデルはルールでラベルを与えることができないタスクに用いられるため、一貫性のあるアノテーションが困難であることも少なくありません。

このため、どのようにして一貫性のあるアノテーションを行うか、議論がなされています。

アノテーションはクラウドソーシングを用いて行われるイメージを持つ方も少なくないでしょう。しかし、一般的なイメージとは異なり、クラウドソーシングを用いたアノテーションについては、品質の面で課題があります。

通常このようなアノテーションを行う際には、プロフィールによるスクリーニングや、事前テストとして類似タスクを用いた評価を行います。ある研究ではAmazon Mechanical Turkでのアノテーターにこのような事前タスクによるスクリーニングを行ったところ、最終的には2.6％（529名中14名）しか通過できなかったという事例が報告されています（図2.14）。

アノテーションがよほど単純なタスクではない限り、クラウドソーシングの作業品質には注意を払うべきでしょう。

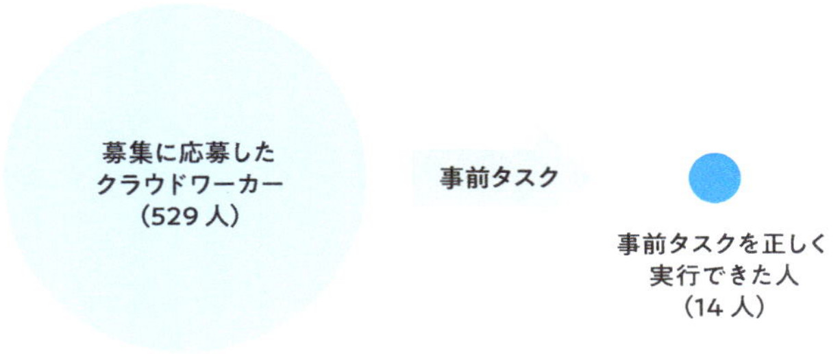

● 図2.14　クラウドソーシングでよい結果になるとは限らない[19]

　アノテーションの品質を向上させるため、アノテーションは専門家によるチームで行われることが多くあります。

　アノテーションを行う対象となるデータセットには大量のデータが含まれることが一般的です。大量のデータに対して基準を定めにくい中、一貫したアノテーションが必要となります。大量のデータに対して一人だけでアノテーションを行い続けることは現実的ではないため、基本的にはチームを形成することになります。

　この際に、チーム内で一貫したアノテーションを行うため、判断の方針を明文化し、判断に迷った事例を含めてアノテーションの方法をドキュメント化しておくことで、一貫性のあるアノテーションがより行いやすくなるでしょう。

　また、すでに述べたように、アノテーションはクラウドソーシングで行うイメージがあるためか、誰にでもできる仕事と思われてしまいがちです。しかし、**実際には高度な専門性を要求する仕事であることが珍しくありません。**アノテーションは要求される専門性の高さの割に、評価されない仕事となりがちです。

　アノテーションは決して単純な仕事ではありません。**アノテーターの成果が評価されるように、社内の人事制度や評価制度を整えておくとよいでしょう。**

---

[19] Margaret A. Webb, June P. Tangney "Too Good to Be True: Bots and Bad Data From Mechanical Turk" Perspectives on Psychological Science (2022) https://journals.sagepub.com/doi/10.1177/17456916221120027

2.6.3 データの準備

　一般に、データを活用する際には、収集されたデータをそのまま用いるのではなく、クレンジングなどの何らかの加工を行ってから利用することが多いでしょう。そのようなデータの加工について、さまざまな取り組みが行われています。

　データの準備に関する取り組みとして、**リネージ**が挙げられます。一般的にデータの加工は多段階にわたり、データの収集や結合、統計値の算出や欠損値の補完を含む変換を、何段階かにわたって行います。このため、最終的に得られた加工後のデータにエラーが含まれた場合、どのデータに対してどのような処理を行ったのか、追跡できるようにする必要があります。データのリネージではデータソースと加工処理をグラフとして可視化し、生成されたデータについて追跡できるようバージョン管理を行います。

　また、非構造化データに対するラベルのように、機械学習で利用するデータには人手で生成されたものもあるため、データそのものが誤っている場合も存在します。そのようなデータの誤りを検出する取り組みも進められており、Confident Learning といったデータの誤りを検出するアルゴリズムの研究や、その実装も取り組まれています[20]。

2.6.4 データの削減

　データの削減は、データの有効性を保ったまま、その容量を削減する取り組みを指しています。

　機械学習で利用するデータは大容量になることが多く、処理のためにCPUやメモリなどの計算資源や、処理するためのコストがかかってしまいがちです。このため、容量を削減することで必要になる計算資源を現実的な範囲に収めたり、コストを低減する試みがなされます。

　データの削減に関する取り組みの代表例としては、機械学習モデルで用いる

---

20 Confident Learning に関する取り組みの実例は12章で紹介されています。

特徴量の絞り込みが挙げられます。PCAのような次元削減アルゴリズムを用いるほか、機械学習モデルの特徴量重要度を用いた特徴量の絞り込みを行うことで、データに含まれる重要な情報を保ったまま、利用するデータの容量を削減できるでしょう。

　また、データ蒸留という、比較的新たな取り組みも存在します。これはデータセットから訓練に効果的な小規模データセットを作成するという取り組みで、現在研究が進められている最中です。今後、このような技術が実用化されていくかもしれません。

2.6.5 データオーグメンテーション

　データオーグメンテーション（データ拡張）は非構造化データ、とくに画像でよく知られた取り組みでしょう。

　訓練データに含まれる画像に対し、拡大・縮小・回転などの加工を加えることで、新たな画像を訓練データに追加できます。これにより、データセットの多様性を高めることで、よりロバストな機械学習モデルを作成できることが期待できます。

　データオーグメンテーションは画像だけではなく、文章についてもよく取り組まれます。たとえば、特定の言葉を付け加える、翻訳モデルを用いて一度別の言語に翻訳したあと、再翻訳することでもとの文章と似た意味の別の文章を生成するといった取り組みが挙げられます。

　また、最近は非構造化データだけではなく、構造化データに対してもGANを用いたデータオーグメンテーションが試みられています。有名なアルゴリズムとしてはTGAN[21]やCTGAN[22]といったアルゴリズムが挙げられます。

---

[21] Lei Xu, Kalyan Veeramachaneni "Synthesizing Tabular Data using Generative Adversarial Networks" CACM (2021) https://arxiv.org/abs/1811.11264

[22] Lei Xu and Maria Skoularidou and Alfredo Cuesta-Infante and Kalyan Veeramachaneni "Modeling Tabular data using Conditional GAN" Advances in Neural Information Processing Systems (2019) https://proceedings.neurips.cc/paper_files/paper/2019/file/254ed7d2de3b23ab10936522dd547b78-Paper.pdf

データオーグメンテーションを含め、訓練データを生成する技術は今後ますます重要になっていくでしょう。データを現実世界から収集するためには、時間やコストが想定以上にかかりがちです。このようなデータ生成技術をうまく活用できれば、大量の高品質な訓練データを低コストで集められる可能性があるため、検討の価値はあるでしょう。

2.6.6 まとめ

これまでにデータの品質に関する取り組みについてさまざまな観点から述べてきましたが、最後に注意すべき点を述べます。

高品質なデータを得るためには、データの収集やラベリングといった前半のプロセスが重要です。一般に、研究開発ではデータにアルゴリズムによって処理を加える、後半のプロセスが着目されがちです。しかし、それらのアルゴリズムはいつでも無条件に使えるわけではなく、適用する前には十分な検証が必要です。妥当な検証結果を得るためには十分な品質の訓練データと検証データが必要となるため、まずは前半のプロセスを整えるとよいでしょう。

2.7 コードの品質管理

ここでは機械学習を活用する場合のコードの品質管理について述べます。機械学習を用いたシステム開発は、通常のシステム開発に比べると新しい分野であり、コードの品質管理についても新たな課題を産んでいます。とくに、データサイエンティストとソフトウェアエンジニアという異なるロールの方が単一のコードベースで協業することは過去にない課題を生み出します（図2.15）。以降で具体的に確認していきましょう。

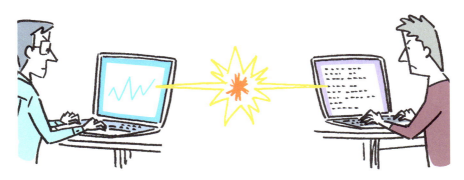

●図2.15　データサイエンティストとソフトウェアエンジニアの対立

　以降では組織内の要因による課題と、組織外の要因による課題をそれぞれ取り上げます。コードの品質に関する論点は多岐にわたり、議論が尽きません。このため、ここでは代表的な課題を組織内・外で一つずつ取り上げ、機械学習に特有な事項を確認します。また、機械学習を用いる場合、データサイエンティストとソフトウェアエンジニアとの間に存在する文化的な差異も課題の要因となりえます。組織内・外の要因による課題を確認したあと、文化的な差異による課題を確認しましょう。

2.7.1　前提条件

　以降では、ある組織がSaaSのようにサービスをユーザーに提供しているものとします。また、サービスが動作している環境のことを「本番環境」と称します。さらに、この組織では機械学習をサービスのデータを用いて行っているものとします。機械学習タスクの例としては、自サービスでよく利用される機能の分析や、ユーザーの利用する機能を予測するモデルの作成が挙げられます。

　また、次のようなロールが組織内に存在するものとします。

- ソフトウェアエンジニア：サービスを提供するためのソフトウェアを開発する。
- データサイエンティスト：予測を行うための機械学習モデルを開発する。

目的は違いますが、ソフトウェアエンジニアもデータサイエンティストも業務においてコードを書くことは共通しています。

　しかし、**ロールが異なる場合、価値観や優先順位、採用するツールやコードの用途が異なります。**このため、それぞれの常識が通用せず、コミュニケーションが欠如する場合に課題を引き起こしがちです。

　このような条件で、どのような課題が生じるのか確認しましょう。

2.7.2 組織内の要因による課題と対策

　まずは組織内の要因による課題について述べます。

　組織内の要因による課題として、ロールにより採用するツールが違うことにより生じる課題、より具体的には**ノートブックの採用により生じる課題**を確認します。

組織内の要因による課題の例：利用するツールが異なることによる課題

　組織内でのロールが異なる場合、採用するツールが異なります。

　一般的に、ソフトウェアエンジニアはIDE（統合開発環境）や開発用の機能を持つエディターをコードを書く際に使います。このような環境は、デバッガーなどの開発支援機能を持つため、堅牢な開発を目的とする場合、大いに役に立つでしょう。

　一方、データサイエンティストはJupyter Notebookに代表されるノートブックを用いることが少なくありません。ノートブックはコードを断片的に書いたとしても、動作を確認しながら開発が可能なため、試行錯誤を行うためには向いている環境と言えます。

　また、データセット中の特徴量の分布や、訓練中の学習誤差の推移などを確認する際にはグラフの描画を用いた可視化が必要となります。ノートブックはこのようなグラフの可視化をノートブック内で実行できるのも、データサイエンティストの業務に向いている点と言えるでしょう。

　このように便利なノートブックですが、本番環境で動かすにあたっては次のような課題を生じさせます。

- テストの記述が困難
- 再現性の確保が困難
- コードの再利用が困難

それぞれ見ていきましょう。

まず、テストの記述が困難な点について考えます。

ソフトウェア開発において、テストをコードで記述し自動化することは一般的になりました。自動化されたテストにより、コードに潜むバグを検出できます。また、仮に計算資源を食いつぶしてしまうようなコードを記述してしまった場合でもテスト時に気が付くことができるため、そのようなコードを本番環境にデプロイすることを避けられます。

一方で、ノートブックで書いたコードには原理的にテストコードを付属することが困難です。このため、バグがないことを担保することや、計算資源を大量に消費しないことを確認することは自動的にはできません。

また、ノートブックはそれ自体がドキュメントではありますが、ノートブックにコードのあるべき振る舞いが十分詳細に記述されていなかったり、実行環境の前提を記したドキュメントが消失してしまった場合、誰にも実行結果の正しさを担保できないものになってしまいます。

次に、再現性の確保が困難な点について考えます。

ソフトウェア開発において、バージョン管理は再現性を確保する上での基礎となるものです。しかし、ノートブックはバージョン管理を困難にさせるいくつかの特性を持っています。

通常、ソースコードはGitなどのバージョン管理ツールでバージョン管理され、変更差分を行単位で確認できます。一方、ノートブックの実態はJSONをブラウザによって描画したものであり、変更差分を人の目で解読することはかなりの習熟を必要とします。

また、このJSONはエディターで開いたときなど、意図しない拍子に更新さ

れてしまうことがあります。このこともバージョン管理を困難にします。

　また、機械学習のために必要となるソフトウェア・ミドルウェアの複雑さも
また、再現性の確保を困難にします。
　機械学習の訓練や推論の結果を再現するためには、ソフトウェア、ミドルウ
ェアの環境も含めて再現する必要があります。環境の再現のためにはOSを含
めてさまざまなレイヤーの知識が必要となりますが、さきほど定義したデータ
サイエンティストのロールの範疇にこの範疇の知識を身につけることは、明示
的には含まれていません。
　もしもデータサイエンティストが行き当たりばったりに環境を構築してしま
った場合、==その構成を別のマシンで再現することはほぼ不可能となるでしょう。==

　最後に、コードの再利用が困難な点について考えましょう。
　一般的なソフトウェア開発においては、コードの再利用性を確保するための
取り組みはさまざまにありますが、その一つにテストコードの記述が挙げられ
ます。テストコードを確認することで、コードの典型的な使い方や返り値を確
認できます。テストコードやドキュメントにより、コードを記述した人以外で
もコードを再利用しやすくできます。

　しかし、ノートブックは一度動かした実績があったとしても、第三者が再利
用できるようになっているとは限りません。
　たとえば、ノートブックは通常のスクリプトのように上から順に実行するだ
けでなく、途中から実行したり、一部分だけ実行したりできます。筆者の経験
において、他人の記述したノートブックの実行結果が思うように得られなかっ
たので調査した結果、ノートブックのある箇所で実行を手動で止めて、前処理
が完了するのを待たなければいけないと判明した場面に遭遇したことがありま
す。
　このような==ノウハウがドキュメント化されていない場合、一度動かした実績
のあるノートブックを第三者が動かそうとしても、二度と動かせなくなってし
まいます。==

また、ノートブックは探索的な試行錯誤に用いられることが多く、可読性を考慮しないコードになりがちです。

たとえば、グローバル変数を過度に利用した実装を行ってしまう場合が見受けられます。変数を適切なスコープで用いていればよいのですが、セルの間で情報を受け渡すため、グローバル変数が過度に用いられている場合も多いのではないでしょうか。

加えて、自分だけが利用するノートブックでは、ソースコードの可読性を上げる必要があまりありません。このため、変数の命名に気を使ったり、関数やクラスによる適切な抽象化を導入するといった手間は見送られがちです。

このようなノートブックを第三者があとから読み解くことは非常に困難であり、第三者が再利用することも、ノートブックから通常のソースコードへの再実装することにも妨げになります。

このように、試行錯誤においては便利なノートブックですが、本番環境へのデプロイを考えた際に必要となる性質をすべて兼ね備えていると言い切ることはできません。以降ではこれらの課題をどのように解決するか考えましょう。

組織内の要因による課題の対策

ここまでで、ツールが異なることでテストの記述、再現性の確保、コードの再利用に困難が生じることを見てきました。これらの課題についてどのようなアプローチがありうるか検討します。

まずテストの記述が困難な点の対策を考えます。

テストが困難なノートブックを本番環境で動かすことは、本番環境への予期せぬ影響を与えかねないため、できるだけ避けるべきです。

この場合の対応として、わかりやすいアプローチは**組織ごとにシステムを分けてしまうことです。**

たとえば、データサイエンティストとソフトウェアエンジニアは共通のプロダクトのために働いているものの、データサイエンティストは経営判断やプロダクトマネジメントのためにレポートを作成することに注力しており、プロダ

クトの開発には直接関わっていないことがあります。

このような場合、==データサイエンティストが分析を行うための基盤をプロダクトの本番環境とは別に作成==することで、データサイエンティストが仮に計算資源を使い尽くすような処理を動かしてしまったとしても、本番環境への影響を抑えられます。このような分析用の基盤はノートブックを定期的に実行しやすいように作られます。事例としては NTT ドコモ[23] の取り組みが挙げられます。

データサイエンティストの作成したモデルを本番環境へデプロイする必要がある場合には、別のアプローチとして、==コンテナ技術を利用して責任分界点を作る==ことが考えられます。データサイエンティストはエンジニアの指定したインターフェイスを持つコンテナを作成し、エンジニアはそれを本番環境に組み込みます。このようなアプローチを取ることで、コンテナ内のコードを本番環境のコードから分離することができるため、複数の組織が同一のコードベースで協業することの影響を和らげられます。

一方で、このアプローチではデータサイエンティストに開発に関するある程度の技術力が必要になります。コンテナを作成するためのテンプレートを用意するなどの仕組みを用意した上で、技術的な支援をデータサイエンティストに対して行うとよいでしょう。また、コンテナに異常が発生した際の対応を円滑に行えるように、エンジニアからのデータサイエンティストの問い合わせ先を明確にしておくとよいでしょう。

次に、再現性の確保が困難な点の対策を考えます。

再現性の確保のためには、データサイエンティストのタスクの成果物を、何らかの手段で管理しやすいフォーマットにすることが求められます。また、管理の対象には利用するミドルウェア、ソフトウェアのバージョンも含める必要があります。このためには成果物に何らかの制約を設けるのがよいでしょう。

制約としてはたとえば、成果物として管理するノートブックには一定の書式

---

23 https://nttdocomo-developers.jp/entry/202212191200_2

を設けることが考えられます。具体的には、**ノートブックには実行時に作成される実行ログを含めない、ノートブックは先頭から最後まで一気通貫して実行できるもののみを成果物として認める**といったものが考えられます。レビューやCIにより、このような制約が満たされていることを担保することで、ノートブックの再現性を高められるでしょう。

また、ノートブックを成果物として認めず、コマンドで実行できるよう整えたスクリプトのみを成果物として認める立場もあります。さきほど述べたような、コンテナを利用して責任分界点を作るケースではスクリプトのみを成果物として認めることで、誰にとっても実行しやすいポータブルなコンテナができあがります。

利用するミドルウェア、ソフトウェアを含めた環境の管理のためには先述したコンテナ技術が活用できます。

コンテナ技術を利用することで、**環境構築のために利用するOSやミドルウェアのバージョンをテキストファイルで管理できます。**

機械学習のために用いるPythonライブラリのバージョン管理には、シンプルな pip と requirements.txt の組み合わせを含めさまざまなツールが利用できます。詳細はあまりにも多岐にわたるためここでは触れませんが、ツールによっては過小であったり過大な管理となってしまうものもあるため、よく吟味して利用するとよいでしょう。

最後に、コードの再利用性について触れます。

ノートブックを用いた試行錯誤において、コードの再利用性が低くなってしまうのはある程度仕方のないことです。まず、そのノートブックが書き捨てのものとできるのか吟味し、**書かれたコードの再利用性を高めるべきかどうか検討する**のがよいでしょう。もし、月次レポートなどで定期的に実行する必要があるのであれば、前述したような本番環境とは独立した環境を用意し、実行するのがよいでしょう。

もし、サービスに組み込む必要があるなどの理由で、本番環境で機械学習用のコードを動かす必要がある場合、**データサイエンティストとエンジニアがチ**

==ームで協業して開発を行う==ことも選択肢の一つとして挙げられます。

この場合、スキルの差異を埋めるためにエンジニアはデータサイエンスを、データサイエンティストはエンジニアリングを学習しつつ、お互いの専門性を発揮することを目指します。コードの再利用性はお互いのソフトウェアエンジニアに関するスキルが平準化された段階で達成されるでしょう。

データサイエンティストはチームの一員として開発に参加し、エンジニアと共同してプロダクトの開発を行います。

一般に、データサイエンティストがデータサイエンス専門の部署のみに存在するのではなく、各サービスに存在する編成は、組織におけるエンジニアリングの経験やプロダクトが成熟している場合に検討できます。

これは一見理想的ですが、それぞれのサービスにおける機械学習の価値を明確に理解しておく必要があるため、最初から実現するためには困難を伴います。==最初は小さく始めたあとで、組織の将来的な構想の一つとして検討しておくとよいでしょう。==

試行錯誤の最中において、データサイエンティストとソフトウェアエンジニアの協業における課題すべてに気を使うことは困難ですが、いつか課題には向き合う必要があります。プロダクトや組織の状況を踏まえた上で、どのような対策が取れるのか検討するとよいでしょう。

2.7.3　組織外の要因による課題と対策

組織外では機械学習が比較的新しい分野であることにより課題が発生します。

機械学習は日進月歩で発展する分野でもあるため、新たな手法が次々に実装され、ライブラリとして公開され続けています。このような事情から、機械学習のために用いられるライブラリ群には有名なものであったとしても品質が高くないものも存在します。しかし、新たなライブラリを一切採用しないということは現実的ではありません。

このようなライブラリの利用において発生する課題についても確認していきましょう。

組織外の要因による課題

　ここでは組織内で課題の要因を制御できない課題について見ていきます。組織外の要因に起因する課題はいくらでも列挙できてしまうため、ここでは機械学習を業務で行う上で馴染み深い、次の2点について取り上げます。

- 必ずしも高品質でないライブラリの採用
- 導入したライブラリにおける複雑な依存関係

　まず、必ずしも高品質でないライブラリの採用による課題を見ていきましょう。

　機械学習で利用されるライブラリは、有名な公式パッケージであったとしても、品質が担保されないことがあります。たとえば、機械学習モデルの解釈のために用いられるSHAPというライブラリは特定のバージョンにおいて、破損したパッケージが配布されたことがありました。また、PyTorchの公式のパッケージにはマルウェアが仕込まれてしまったことがあります。他にも筆者の環境ではPyTorchの特定のビルドでメモリリークと疑われる事象を確認したことがあります。

　このように、有名な公式パッケージなので安定していると信じることには慎重になるべきでしょう。

　次に、導入したライブラリにおける複雑な依存関係についてです。

　機械学習で採用するライブラリは通常の開発で用いられるライブラリと比較して、依存関係が複雑になりがちです。機械学習ではCPUだけではなく、GPUといったアクセラレーターも利用します。このため、TensorFlowやPyTorchといった深層学習ライブラリでは、Pythonだけでなく、GPUを利用するために必要なCUDAなどのバージョンも合わせて管理する必要があります。このため、利用するライブラリの依存を、OSやときにはVMの構成（GPUの有無）まで含めて管理する必要があります。

　このような課題について、どのような対策が取れるのか考えてみましょう。

組織外の要因による課題への対策

　一般に、組織外の事象についてできることは、組織内の事象にできることと比較して限られています。一般的なアドバイスとしては「**本番環境への投入前に十分検証すること**」となるでしょう。

　まず、**ライブラリは必ずしも高品質でないことを前提に、デプロイまでの計画を設計すべきです。**本番環境とは別環境でレポート作成用に使う場合はともかく、本番環境で利用する場合は細かくテストを行いましょう。机上での実験だけではなく、本番環境での負荷を想定した負荷試験も行い、メモリリークなどのエラーが発生しないことを確認しておきましょう。また、本番環境でも想定外の事象が発生することを考慮しておきましょう。インフラが許すのであれば、カナリアリリースなどの本番環境で行うテストについても十分計画しておきましょう。

　また、依存関係が複雑になることもあり、機械学習を用いるコンポーネントはどうしても安定性が低くなりがちです。このため、**サービスのアーキテクチャとしてそのコンポーネントが正常に動作しないことを考慮しておくとシステム全体として堅牢になります。**
　たとえば、機械学習モデルが動作しない場合には統計ベースの推論結果を提供するといったように、フォールバックする先のシステムを考慮しておくとよいでしょう。
　他にも、UI上の工夫として、機械学習のコンポーネントが動かない場合はそこだけ一時的に表示しない（たとえば、ランキングを一時的に表示しない）など、機械学習システムが正常に動作しない場合でもサービス全体としての動作に問題ないよう考慮しておくと、機械学習の不安定さにサービス全体が巻き込まれずに済みます。

　これらの事情から、機械学習のライブラリの利用に関するベストプラクティスとして、セキュリティチームにより承認されたバージョンのみを用いることを推奨するプラクティス[24]も存在します。
　一方、ライブラリの検証は決して簡単ではないので承認には時間がかかってし

まいます。また、そのポリシーを組織全体に適用すると、データサイエンティストの業務を阻害してしまいます。現実的には、開発時に十分検証しておき、デプロイ後も切り戻しを容易にしておく、といった対策が必要になるでしょう。

2.7.4 文化的な差異による課題

最後に、データサイエンティストとソフトウェアエンジニアとの間の文化の違いについて述べます。両者ともにコードを業務で書く職種ではありますが、文化的には大きな差異があります。その具体例として、新しいライブラリの導入に関する態度の違いを確認します。

一般的な傾向として、とくにレポートを作成する用途である場合、**データサイエンティストは最新のアルゴリズムやライブラリを導入することに意欲的です。**すでに述べたように新たな手法を実装したライブラリが次々に発表されているため、データサイエンティストの間には、新たなライブラリを導入して価値を出していく文化が根づいているように思います。

一方で、一般的にソフトウェアエンジニアは本番環境へのライブラリの導入には慎重です。一般に、組織内のコードよりも組織外のコードのほうが変更しにくいため、導入したライブラリにバグが潜んでいた場合、それを修正するのは容易なことではありません。そのため、**ソフトウェアエンジニアはライブラリの導入にあたっては前例の調査を行ったり、十分な検証を行うことが一般的です。**

これまで見てきたように、機械学習に用いられるライブラリで安定していると言えるものは少なく、莫大な計算資源を消費したり、バグを含んでいるものも少なくありません。このため、ライブラリの導入に意欲的なデータサイエンティストと、導入に慎重なソフトウェアエンジニアとの間で、文化的な衝突が生じることがあります。

---

24 たとえばAWS の提供する機械学習に関するベストプラクティス集 Machine Learning Lens
https://docs.aws.amazon.com/wellarchitected/latest/machine-learning-lens/mlsec-04.html

また、文化的な衝突以外に、最新のライブラリを多人数で長時間利用しよう
とすると別の課題も生じます。最新のライブラリはどうしてもドキュメントが
不足しがちなため、仕様やあるべき振る舞いの調査が困難になります。加えて、
バグが発生したときに利用できるstackoverflowやブログ記事などの情報源も不
足しがちであり、これも対応を困難にします。さらに、公開直後のものでは仕
様の変更も頻繁に行われるため、仕様変更への追随にも労力が必要となるでし
ょう。

　このような事情から、<mark>最新のライブラリを盲目的に導入すると、ライブラリ
起因で発生した何らかの事象への対応時に、莫大な対応コストが発生する</mark>こと
があります。

　ライブラリ起因で発生した何らかの事象への対応にかかるコストの規模感が、
ソフトウェアエンジニアとデータサイエンティストとの間で一致しないことは
珍しくありません。このことも文化的な差異として現れるでしょう。

　このような文化的な差異を解消することは並大抵のことではありません。組
織的な交流や、スキルの移転、相互理解を通じて少しずつ解消するのが現実的
でしょう。

2.7.5 まとめ

　ここまで見てきたように、機械学習を組織的に活用する場合、新たな課題が
生じてきました。

　組織として機械学習を活用する場合、コードを書くロールが増大するため、
優先順位や価値観、採用するツールなどが多様になります。これによりさまざ
まな課題が生じます。

　チームを運営する上ではこれらを踏まえた対策が必要となるでしょう。

　また、機械学習は比較的新しい技術であることにより、枯れていないライブ
ラリも使う必要があります。ライブラリの不安定さには業界全体として対応し
ていく必要もありますが、依存関係の管理については各チームで行っていく必
要があります。GPUのようなアクセラレーターを含めた管理を実現する方法に

ついて、十分な検討が必要でしょう。

　最後に、これらの課題については**組織的に向き合うべき**である点は指摘が必要でしょう。

　たしかに、組織内の課題についてはコミュニケーションにより解決するものも含まれます。一方、データサイエンティストやソフトウェアエンジニアというロールに期待される役割は、組織的に定義されるものです。

　また、個人間ならまだしも、チーム間の対立や部署間の対立は、一度発生してしまうと解消が大変です。このような課題の対策や予防をいかに行っていくか、組織的に対応を検討できるのが好ましいでしょう。

3

MLOpsを支えるプロセス・文化

3.1 機械学習システムの開発フローとPoC

　機械学習システムに限らず、プロジェクトの初期にはさまざまな不確実性（たとえば、ユーザーのニーズが不明瞭であることや、技術的な課題に対する解決策が見つからないことなど）が存在します。

　図3.1は、不確実性コーンと呼ばれる図で、ソフトウェア開発の各段階での不確実性を表しています。この図が直接表しているのはコスト見積もりの曖昧さですが、プロジェクトが進むにつれて不確実性が減少していく様子が端的に表現されています。

　この不確実性をいかに減らしていくかが、プロジェクトを成功に導く鍵となります。

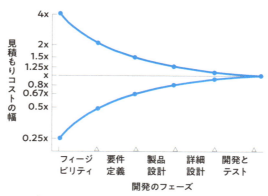

● 図3.1　不確実性コーン[1]

[1] 出典: B. W. Boehm, Software Engineering Economics, 1983, ACM Sigsoft Software Engineering Notes.

機械学習システムの開発プロジェクトでは、通常のシステム開発では考慮しなくてもいいような特有の不確実性が生じることがあります。したがって、これらに適切に対応することが、機械学習プロジェクトを成功へと導くための重要な要素です。

　本節では、まず機械学習システム固有の不確実性について説明し、次に一般的な開発の各フェーズでこれらの不確実性をどのように低減させていくのかについて解説します。

3.1.1　機械学習システム特有の不確実性

　通常のシステムと機械学習システムの最大の違いは、プログラミングによって挙動が決定されるのではなく、機械学習アルゴリズムがデータから学習して挙動が決まる点にあります。この特性により、機械学習システムは、通常のシステムでは考慮しなくてもよい以下のような不確実性を考慮する必要が生じます。

❶訓練データに関する不確実性

　機械学習は、大量のデータを用いてモデルを訓練し、そのモデルを使って予測や意思決定を行います。しかし、訓練データが誤りを含んでいたり不完全である場合、適切な予測を行うモデルが作れなくなってしまう恐れがあります。また、訓練データが正確であったとしても、実際の運用環境や目的と合致していない場合、期待した性能が得られないことがあります。さらには、はじめに想定していたデータが入手できない、といった状況も考えられます。つまり、どのデータを用いて訓練すべきか、という不確実性があります。

❷モデルの選択に関する不確実性

　機械学習にはさまざまなモデルが存在し、それぞれ調整可能なパラメーターがあります。まったく同じ入力データであったとしても、目的関数やモデル、パラメーターが異なれば、出力結果は異なるものとなります。しかし、目的関数はもちろん、モデルやパラメーターの選択も通常自動化されていません[2]。そ

---

[2]　モデルやパラメーターを自動選択するAutoMLと呼ばれる技術の研究も進められています。

のため機械学習システムでは、適切な目的関数を設定し、試行錯誤によって最適なモデルやパラメーターの組み合わせを見つける必要があります。つまり、どのモデルを用いるべきか、という不確実性があります。

❸推論時の入力データに関する不確実性

　機械学習システムを運用していると、さまざまな要因によって入力データの質や分布が変化することがあります。つまり、推論時にどのようなデータが入力されるかわからない、という不確実性があります。入力データの変化は、訓練データとの差異を生じさせ、機械学習モデルの性能低下を引き起こす可能性があります。入力データの変化自体は機械学習システムに固有の状況ではなく、通常のシステムでも起こります。しかし、通常のシステムは人間が設計した通りに動作するのに対し、機械学習システムは訓練データに基づいて挙動が決定されるため、入力データの変化に対する挙動を人間が完全に把握することはできません。とくに、訓練データに含まれていない新しいタイプの入力データに対する挙動は把握が難しいため、注意が必要です。

❹予測結果に関する不確実性

　機械学習モデルは常に正しい結果を返すわけではなく、誤った結果を返すことがあります。つまり、予測結果が正しいかわからない、という不確実性があります。そのため、機械学習モデルが誤った結果を出力した場合でも、システム全体が正しい挙動を示すように、またはユーザーが適切な意思決定を行えるように設計する必要があります。

　プロジェクトの成功の可能性を高めるためには、機械学習システムの導入の各段階でこれらの不確実性に適切に対応していくことが必要です。ここからは、機械学習システム導入における一般的な開発フェーズと、各フェーズでこれらの不確実性にどのように対処していくかについて詳しく見ていきます。

3.1.2 機械学習システムの開発フロー

　通常のシステム開発が要求定義、設計、実装、運用と進むのと同様に、機械学習システムにおいても、システムを開発し運用するまでにはいくつかのフェ

ーズがあります。プロジェクトごとにフェーズの切り方や表現の違いはあるものの、図3.2のようなフェーズを踏むのが一般的です[3]。

アセスメント	ビジネス目標を明確にする
PoC	機械学習モデルの構築と性能評価を行う
実証実験	ビジネス観点での有用性の確認を行う
システム開発	機械学習モデルをシステムに組み込む
運用	監視や機械学習モデルの更新を行う

● 図3.2　機械学習システム導入の一般的な開発フェーズ

以下、各フェーズについて詳しく見ていきましょう。

3.1.2.1 アセスメント

アセスメントフェーズは、そもそも機械学習を用いて課題を解決すべきかを判断するフェーズです。

このフェーズでは、まずどのような課題があるのかを整理し、ビジネス目標とKPIを定義します。続いて、その課題に機械学習が適しているか、たとえば訓練データは入手可能か、十分な量と質がありそうか、機械学習以外の手法で解決できないか[4]、などを検討します。

低減できる不確実性

このフェーズでビジネス目標を明確に定義しておくことで、どのような機械学習モデルを構築し、どのように評価するか、という方針が決まります。これにより、モデルの選択に関する不確実性を低減できます。また、モデルの訓練

3　https://jssst.or.jp/files/user/taikai/2017/GENERAL/general6-1.pdf の図4を参考に作成。
4　本節に記載している通り、機械学習システムは通常のシステムにはない不確実性を含んでいます。そのため、システム開発や運用が複雑になることが多いです。機械学習システムは技術的な負債を生みやすいという指摘もあります。そのため、なるべく機械学習を使わずに解決できる方法を探るのが一般的です。

や評価に必要なデータも明らかにし、入手可能性を見極めておくことで、訓練データに関する不確実性を低減できます。

よくある落とし穴と対処法

この時点では、全体的に不確実性が大きく、「実際に何ができて何ができないのか」がわからないことが多いです。また、機械学習の出力結果は「できる・できない」の二元論的なものではないにもかかわらず、機械学習に慣れていない方は「できるかできないか」で判断しがちです。機械学習の場合は「だいたいできるけど、完璧ではない」という期待値をきちんと調整しておくのが大事です。

また、このフェーズでは見過ごされがちですが、訓練データが本当に入手可能か、この段階で確認しておくことも大事です。というのも、データは部署横断で管理されていることが多く、「入手方法はわからないが、おそらくある」という状況が案外多いからです。PoCフェーズや実証実験フェーズになってから、実はそのデータは実際には得られなかったり、欠損値ばかりで使い物にならないことがわかったりすると、手戻りが発生してしまいます。確実に入手可能であることをこの段階で確認しておきましょう。

3.1.2.2 Proof of Concept（PoC）

PoCフェーズでは、実際に機械学習モデルを構築して機械学習モデルの性能評価を行います。

このフェーズでは、まずアセスメントフェーズで得られたKPIをもとに、機械学習モデルの評価方法（評価データと評価指標）と目標値を設定します。続いて、与えられたデータを用いて機械学習モデルを構築し、目標値が得られるかを確認します。目標値が得られない場合は、データの量や質の改善を行って再度このフェーズ（ときにはアセスメントフェーズ）を繰り返します。

低減できる不確実性

このフェーズでは、実際にモデルを構築・評価することで、期待していた性能を達成できるかが明らかになります。これにより、モデルの選択に関する不

確実性を低減できます。

よくある落とし穴と対処法

「分類だからF値で」というように、データの分布やビジネス要件を考慮せずに誤った評価指標を決めてしまうと、適切なモデルを選択することができなくなってしまいます。そのため、評価指標の選択が非常に大事です。適切な評価指標を選ぶようにしましょう。また、評価指標だけでなく目標値を設定することも大事です。目標精度が曖昧なまま試行錯誤を進めてしまったがために、試行錯誤のやめどきを見失い、延々とPoCを続けることになるプロジェクトも多いです。このフェーズでは、モデルの評価方法を明確にすることと、その指標がいくつ以上であればアセスメントで定義したKPIを達成できる見込みが高いかを見据えておくことが大事です。

3.1.2.3 実証実験

PoCフェーズで目標精度が得られたとしても、必ずしもKPIを達成できるとは限りません。そこで、本格的に開発・運用をする前に部分的にビジネスプロセスの中に組み込んで、本番運用におけるモデルの挙動やパフォーマンスの洞察を得ます。PoCと異なり、ビジネス観点での有用性を確認するのがこのフェーズです。

WebサービスにおけるA/Bテストのように、既存のシステムに組み込めばよいケースもあれば、簡易的なシステムを構築する必要がある場合もあります。

実証実験フェーズでは、ユーザーからのフィードバックを得ることが重要です。ユーザーからのフィードバックを得ることで、モデルの性能や使い勝手に関する課題を把握し、改善に繋げることができます。

低減できる不確実性

このフェーズで、できるだけ本番に近いデータや環境での評価を行うことで、推論時の入力データに関する不確実性を低減できます。また、ユーザーのフィードバックをもとに、誤った予測をした場合の影響の大きさの見積もりや対処方法の検討を行うことで、予測結果に関する不確実性も低減できます。

よくある落とし穴と対処法

このフェーズでよくぶつかるのが部署の壁です。

たとえば、機械学習モデルを開発するのは研究開発部門、機械学習モデルを動かすシステムを開発・運用するのは開発部門、ユーザー部門はまた別の部門、というように、機械学習プロジェクトではステークホルダーが複数の部署にまたがることがほとんどです。そのため実証実験には複数部門の協力が不可欠ですが、開発部門やユーザー部門にとって、実証実験は通常の業務に加えた負担になることも多いです。

ユーザー部門が常に協力的であるとは限りません。ユーザー部門の課題を正確に把握してメリットをきちんと伝えておく、部署横断で顔のきくメンバーをプロジェクトチームに巻き込んでおく、などによって協力関係を構築しておくことが重要です。

3.1.2.4 システム開発

ビジネス観点でも有用であることが確認できたら、本格的にシステム開発を行い、本番環境にデプロイします。その中で、機械学習モデルを更新したり監視したりするための仕組みも構築します。

低減できる不確実性

推論時の入力データに関する不確実性に加え、予測結果に関する不確実性を低減させます。構築した機械学習モデルの応答速度は十分か、モデルの更新は可能か、監視項目やエラー時の対応は明確か、など実際に運用する前提で必要な要素を明確にしておきます。

よくある落とし穴と対処法

機械学習モデルは一般に外挿が苦手であり、訓練データと大きく異なるデータに対して適切な出力を生成することが困難です。しかし、実際の運用では予期せぬデータが入力されることが多いため、注意が必要です。

たとえば、機械学習を用いてWeb広告の適正価格を算出し入札するシステムでは、訓練段階で想定外のデータが入力されると、非常に高い価格での入札を行ってしまう可能性が考えられます。入力データを適切にバリデーションした

り監視したりする仕組みを構築しておく、入札価格の上限を設けたり、人が最終的な価格を確認したりしてから入札するような仕組みを構築しておくことで、システムのフェイルセーフ性を向上させることができます。

3.1.2.5 運用

本番環境にデプロイされた機械学習モデルは、時間の経過とともに劣化します。そのため、通常のシステム運用に加えて、モデルやデータの監視、再訓練によるデータの変化への対応を行う必要があります。正解データの入手が困難な状況もよくあります。そのため、再訓練の基準となるモデルを評価するために、代理指標を定義することもあります。

低減できる不確実性

適切な監視と再訓練、運用改善を継続的に行うことで、推論時の入力データに関する不確実性や予測結果に関する不確実性を低減できます。

よくある落とし穴と対処法

開発部門との連携が弱かったためにモデルの更新が非常に煩雑になってしまい、適切なタイミングでモデルの更新ができない、評価方法が定義されていなかったために性能劣化に気付かない、といった状況に陥ってしまうことがあります。

ここに挙げたフェーズや落とし穴の中には通常のシステム開発と共通するものもありますが、PoCフェーズのように機械学習特有のものもあります。

PoCという言葉には少し注意が必要です。通常のシステム開発におけるPoCは「概念実証」として、製品やシステムが実際の問題を解決できるかを検証することが目的です。一方で、機械学習プロジェクトにおけるPoCは、試行錯誤を繰り返しながら機械学習モデルの構築と評価を行うことを指しています。通常のシステム開発におけるPoCは上記の実証実験のフェーズに相当し、機械学習システムにおけるPoCフェーズは機械学習特有のフェーズです。

3.1.3 PoCと本番運用の違いと注意点

機械学習プロジェクト特有のフェーズであるPoCの時点では、本番環境がまだ整っていません。そのため、PoCを行った環境と本番環境との差異によってさまざまな課題が生じることがあります。この課題は、PoCのタイミングでは気付きにくく、システム開発の段階になって発覚することが多いため、注意が必要です。

以下に、PoCと本番環境との差異について、主要なものを紹介します[5]。

❶ データの違い

PoCでは、過去のデータが主に利用されますが、これには注意が必要です。抽出したデータの時期や方法によっては、本番環境との間に大きな差異が出ることがあります。とくに、データの収集期間が古い場合、データの分布が現在と異なる可能性が高まります。

また、データ抽出時のバイアスにより、偏ったモデルが構築されるリスクもあります。過去のデータには利用可能だった変数も、本番環境ではリアルタイムの制約により利用できない場合があります。

したがって、実際のシステムでどのデータがどのタイミングでどのように生成されるかを確認しながらPoCを進めることが重要です。

❷ 評価指標の違い

PoCと本番運用では、評価指標も異なることが多いです。というのも、PoCでは過去データしか利用できないため、オフライン評価を行うことが多いです。オフライン評価では機械学習モデルの出力に対するフィードバックを利用することができません。一方本番環境ではオンラインでの評価が可能であり、実際のフィードバックに基づいてモデルを改善することができます。

PoCで設定した評価指標が本番環境においても同様に有効であるとは限らず、実際のビジネス要件やユーザーの反応に基づいて調整する必要があることもよくあります。

---

5 PoCと本番運用の違いの詳細については、"Machine Learning: from Proof of Concept to Production"（Kaja Polachowska, https://www.reasonfieldlab.com/post/machine-learning-from-proof-of-concept-to-production）が参考になります。

❸**運用コストと利用可能なリソースの違い**

　PoCでは、潤沢なリソースを用いて機械学習モデルを構築することが多いです。一方で本番運用では、限られたリソースで高速に予測する必要がある場合があります。PoCで目標値を達成するために大量の特徴量を使用したり複雑なモデルを採用したりすることが、本番環境での実用性を毀損する可能性があります。

　そのためにも、アセスメントとPoCフェーズの初期のタイミングでシステムの利用イメージを明確にし、利用可能なリソースや非機能要件の目処を立てておくことが重要です。

❹**求められる品質の違い**

　PoCでは、主にモデルの初期評価や技術的な実現可能性の確認に焦点が当てられます。一方、本番運用では、システム全体の信頼性や安定性が求められます。Googleが提案するML Test Score[6]という指標を用いると、データの一貫性、モデルの性能、システムの統合性、そしてモニタリング体制など、さまざまな観点からシステムの品質を評価することができます。

　ML Test Scoreを利用することで、システムが本番環境での運用に耐えうるかどうかを定量的に評価し、改善のプロセスを回すことができるようになります。

　PoCフェーズでの評価指標や目標値を設定する際には、これらの点を十分に考慮して適切な指標を選択する必要があります[7]。

3.1.4　まとめ

　本節では、機械学習システムの開発フェーズとPoCに焦点を当て、特有の不確実性とその低減方法、さらにはPoCと本番運用の間に存在する主要な違いに

---

[6] The ML Test Score: A Rubric for ML Production Readiness and Technical Debt Reduction, https://research.google/pubs/the-ml-test-score-a-rubric-for-ml-production-readiness-and-technical-debt-reduction/

[7] PoC と実ビジネスで活用する「社会実装」との違い、考慮すべき点については、「機械学習を『社会実装』するということ」（内池, 株式会社ブレインパッド 2023, https://speakerdeck.com/moepy_stats/social-implementation-of-machine-learning-2023）が参考になります。

ついて詳しく解説しました。機械学習プロジェクトを成功に導くには、これらの不確実性に適切に対処し、各フェーズで生じうる落とし穴を避けることが重要です。

3.2 素早い実験を繰り返す

　機械学習を導入し活用する際、通常は解決すべきビジネス課題が存在し、その課題の解決が目的となります。たとえば顧客の購買行動予測、価格最適化、不正行為検出など、従来の方法では難しかった課題に対して、機械学習が用いられます。

　一般に、機械学習モデルはPoCの段階で設定された精度指標に基づいて評価され、一定の精度を満たしていることが確認された後にシステムに組み込まれます。そのため、システムに組み込まれる機械学習モデルは、その精度指標においては十分な精度を持ったものになっているかもしれません。

　しかし、それがビジネス課題の解決に実際に役立つかはまた別の問題です。たとえ精度の高いモデルであったとしても、それがビジネス課題の解決に寄与していなければ、まったく価値のないものになってしまいます。

　たとえば、推薦システムがユーザーの好みを正確に予測できても、それが実際に売上に寄与していなければビジネス目標の達成には繋がりません。価格の最適化のために高い精度で最適な価格を予測するモデルを構築できても、反映する仕組みがなければ実際に利益増加に繋がりません。不正行為の検出システムが高い精度で不正行為を検出できても、公平性や説明可能性の観点から対策を打てないことも考えられます。

　本節では、機械学習をビジネス課題の解決に貢献し続けるために必要となる、素早い実験について説明します。

3.2.1 素早い実験の必要性

　ビジネス課題が実際に解決されているかを確認するには、機械学習モデルをビジネスプロセスに組み込み、その影響を測定する実証実験が必要です。

また、機械学習モデルの開発は一回限りのプロジェクトではなく、継続的なプロセスであることも忘れてはいけません。市場や顧客のニーズの変化により入力データの性質は頻繁に変わります。そのため、運用フェーズに入ったとしても、モデルを継続的に評価して改善し続ける必要があります。つまり、実験の繰り返しが不可欠です。

　実験を素早く繰り返すことで、以下のようなメリットを得られます（図3.3）。

❶ 有望な施策の早期発見

　取り組んでいる施策が効果的か否かを早期に確認できます。それにより、リソースや工数を浪費するリスクが減少し、有望な施策に集中できます。

❷ 大規模な失敗リスクの軽減

　小規模に実験することで、大規模な失敗のリスクを軽減できます。また、問題を早期に検出して対処できるようになります。

❸ 組織全体の学習速度の向上と実験文化の醸成

　チームの学習速度の向上が、組織全体の学習速度の向上にも繋がります。また、新しいアイデアを試したり探求したりする文化を育てることができます[8]。

　このように、素早い実験の繰り返しを通じて有望な施策を早期に発見し、大規模な失敗を防ぎながら、組織全体の学習速度を向上させることが、ビジネス価値を最大化するために重要です。

● 図3.3　実験を素早く繰り返すことで得られるメリット

---

[8] 実験文化の醸成については"Building a Culture of Experimentation"（Stefan Thomke, Harvard Business Review, 2020, https://hbr.org/2020/03/building-a-culture-of-experimentation）がとても参考になります。

3.2.2 実験をデザインする

さて、素早い実験を繰り返してビジネスに繋げるには、実験が適切にデザインされている必要があります。せっかく実験を繰り返していても、間違った評価をしていては意味のないものになってしまいますし、実験にコストがかかりすぎてビジネスを圧迫してしまっては元も子もありません。

実験をデザインする際に注意すべき点はいくつかあります。これらのポイントを心掛けることで、実験から得られる結果の価値を最大化し、無駄を減らすことができます。

❶目的を明確にする

実験のデザインにおいては、その実験で何を得たいのか、何のために実験をするのかを明確にしておくことが重要です。

正しい目的を設定するには、顧客理解を深める必要もあります。顧客理解の浅いまま誤った仮説を立てて実験を進めてしまったがために、コストだけがかかって有益な情報が何も得られないことがよくあります。

ユーザーフィードバックを取り入れ、顧客の実際の使用状況やニーズを理解した上で、仮説を考え、実験をデザインします。

❷適切な評価指標を選定する

実験の目的に基づいて、適切な評価指標を選定します。当然ですが、評価指標は測定可能なものとする必要があります。

理想的には、目的を直接的に反映する指標が望ましいですが、実際にはそういった指標が存在しない、または測定不可能である場合が多いです。このため、目的の代理となる指標（代理指標）を設定しなければならないことがあります。

なお、初めから適切な代理指標を設定できるとは限りません。実験を進めていく中でデータが蓄積され、よりよい代理指標を設定できることもあります。実験が長期にわたる場合は、代理指標はあくまで代理であることを認識し、必要に応じて評価指標自体を再評価し、必要に応じて調整する必要があります。

❸データの収集方法を確立する

定量的な評価を行うには評価用のデータを蓄積する必要があります。データ

収集に時間やコストがかかる場合、素早く実験を繰り返すことができなくなってしまいます。そこで、日頃の運用の中で自然に評価データが溜まるような仕組みを作れないか検討しましょう。

商品推薦システムであれば、閲覧行動や購買行動を収集するだけでいいかもしれません。不正画像の検出であれば、サンプリングされたデータをオペレーターさんが常時確認するフローを作ってもいいですし、ユーザーが不正を報告できる仕組みを作ることもできます。

データの収集方法によっては、さまざまなバイアスが入り込んでしまう点にも注意が必要です。ランダム化や対照群を用いるなど、可能な限りバイアスを排除できるように設計しましょう。

バイアスについては少しイメージを持ちづらいので具体例を用いて説明しましょう。オンラインショッピングサイトが新しい画面のテスト（A/Bテスト）を実施する例を考えます。A群（現行の画面）を平日に、B群（新しい画面）を週末にテストしたとします。この場合、週末は購買意欲が高まるなどの理由でサイトへのアクセス数が増える可能性があります。その結果、B群がA群に比べて成果が良好であるという結論を出すかもしれません。しかし、それは実際には新しいデザインの効果によるものではなく、単に曜日による影響である可能性があります（図3.4）。

このようなバイアスを避けるため、通常A/Bテストは日付ではなくユーザーを2群に分けて行います。この例はわかりやすいですが、実際に実験を行っていると非常に気付きにくいバイアスに出くわすこともあります。データ収集時には、常にバイアスの可能性を意識し、可能な限りバイアスを排除できるように努める必要があります。

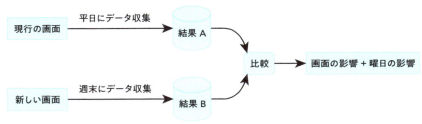

● 図3.4 間違ったA/Bテストの例

❹実験コストを考慮する

　実験にかかるコストについては常に意識するようにしましょう。ここで言うコストには、実験にかかる人件費やシステム費用はもとより、UX棄損のリスクを含みます。また、可能であれば実験結果によって得られる利益も見積もり、実験を行うことが合理的であることを確認しておく必要があります。

　チームの構成や組織の枠組みによっては、これらのポイントが見落とされがちです。

　たとえばビジネスサイドとデータサイエンティストが別組織に所属している場合、お互いの専門知識を十分に共有しないまま評価指標を決めてしまうと、不適切な指標になるリスクがあります。ビジネスサイドの部署で評価指標を決めると、データの詳細や適切な取り扱い方法がわからないため、考慮漏れのある指標を設定してしまいがちですし、データサイエンティストの所属する部署で評価指標を決めると、ビジネス観点が抜け落ちて目的とそぐわない指標となってしまうことがあります。

　実験を成功させるには密に連携できる人間関係を築き上げておく必要があります。

3.2.3 実験しやすい環境を作る

　素早い実験を繰り返し行えるようにするには、実験を容易に行える環境を整備することが欠かせません。以下に、そのための具体的なアプローチをいくつか挙げます。

❶再現可能な環境を構築する

　機械学習では、モデルのコードだけでなく、訓練データやハイパーパラメータなども結果に大きな影響を与えます。コードのバージョン管理にGitを用いるように、訓練データやハイパーパラメータの設定もしっかりと保存し、管理することが極めて重要です。これらの設定を適切に記録することで、実験の再現性を保ち、何が成功に寄与したのか、または逆に何がうまくいかなかったのかを明確にすることができます。

　特定の実験で得られたよい結果を再現しようとした際、どのようなデータを

使ったか、どのようなハイパーパラメータの設定だったかが不明であれば、同じ結果を得ることができず、時間を浪費することになってしまいます。

幸いなことに、実験管理ツールは近年非常に充実しており、多くの選択肢があります。これらのツールを活用することで、訓練データやハイパーパラメータをはじめとする実験の各種設定を効率的に管理でき、再現性の高い実験環境を構築できます。

自分たちのプロジェクトやチームに合った実験管理ツールを選び、実験のすべての段階で設定を正確に記録し、管理することで、効率的で再現可能な機械学習プロジェクトを実現しましょう。

❷結果を確認しやすい環境を作る

実験の結果を多角的に評価するために、さまざまな指標を可視化することが役立ちます。あらかじめ設定した評価指標だけでなく幅広い指標を手軽にチェックできる環境を準備しておくと、実験から得られる学びを深め、次のステップへ進むヒントを得ることができます。

多くの実験管理ツールにはダッシュボード機能が備わっており、複数のモデルを比較し、選択するのに役立ちます。一方で、A/Bテストのようにユーザー行動やビジネス指標に注目した実験の場合、実験管理ツールのダッシュボード機能では不十分なことが多いです。そのようなケースでは、Google Analyticsなどの分析ツールを使ってKPIを追跡・可視化するのが効果的です。

このように、実験の目的に即したツールを選択し、結果を簡単に確認できる環境を整えるようにしましょう。

❸必要なデータを見つけやすい環境を作る

さまざまな実験を効率よく進めるには、適切なデータを迅速に見つけ出せる体制が必要です。

データ管理を適切に行い、一元的なデータハブを構築することで、必要なデータへのアクセスを容易にします。これにより、実験にかかる時間を短縮し、効率を向上させることができます。

ただし、一般にデータはさまざまな部署に散在していることが多いため、部署横断の取り組みとなりやすい点には注意が必要です。すべてのデータを一元

的に管理できるのが理想ではありますが、まずは部署単位で行う、特定のプロジェクトに紐づくものだけを集めるなど、柔軟な対応が必要となります。

❹比較しやすい環境を作る

実験結果は可能な限り正しく比較したいものです。複数のモデルの比較を行うような場合には、評価方法を標準化しておくことが重要です。同じ評価指標を使用して初めて、機械学習モデル同士の比較が可能になります。

また、モデルを簡単にデプロイできる環境を用意しておくことも重要です。モデルの評価にはオフライン評価とオンライン評価がありますが、ビジネス目標やKPIと直結するのはオンライン評価であるためです。簡単にデプロイできる環境がないと、せっかく構築した新しいモデルを試すことができません。

ここでよくある問題は、モデルを構築する部署とモデルをデプロイするチームが分かれていることです。この場合、実験を行うたびにチーム間の調整が必要となることがあります。チーム内で実験を完結できるような体制とすることで、実験のハードルを下げることができ、実験のイテレーションを高速に回すことができるようになります。

実験しやすい環境の構築においては、システムやツールの整備だけでなく、組織文化の構築も極めて重要です。この点について、DevOps Research and Assessments（DORA）チームの考え方を紹介します。

DORAは、ソフトウェア開発と運用の実践を研究し、その成果を公開している団体で、DevOpsの導入と実践におけるさまざまな指標や手法を提供しています。彼らは、DevOpsチームにおける重要な特性の一つとして「チームによる実験（Team experimentation）」を挙げています[9]。「チームによる実験」とは継続的な学習と改善を促進する文化のことで、具体的には、新しいアイデアや技術を試したり、プロトタイピングを行ったり、失敗から学んだりすることを奨励する環境や文化のことです。

DORAチームが推奨する実践には、以下のようなものがあります。

---

[9] https://dora.dev/devops-capabilities/process/team-experimentation/

❶チームに力を与える（Empower teams）

チームに権限を与え、重要な問題を解決するビジネス目標を追求する新しいアイデアに取り組めるようにします[10]。

チームが適切な権限を持っていない場合、メンバーは自分の判断力やスキルを十分に発揮することができず、新しいアイデアや解決策を生み出すチャンスを逃してしまうことになります。これはまた、迅速な意思決定の妨げにもなります。その結果、組織全体の革新のペースが鈍り、市場や競合他社に対して不利な立場に置かれる可能性があります。

第2部で紹介するサントリーの「やってみなはれ」の精神のように、失敗を恐れずにチャレンジできる土壌を作り上げることが大事です。

❷情報とコンテキストを与える（Provide information and context）

チームに情報と背景を提供することで、チームは正しい情報に基づいた意思決定を行うことができます。とくに組織全体のパフォーマンスを測定してチームに提供することで、チームは最適な意思決定を行い、問題を解決することができるようになります。

❸細かい点は作業者に任せる（Leave the details to those doing the work）

チームがそうすべきと判断した場合、ユーザーストーリーや仕様、使用する技術をチームが変更できるようにします。彼らが専門家であることを理解し、認め、仕事を成し遂げるために必要な技術的決定を下す権限を与えます。パフォーマンスの高いチームや組織では、使用するツールやテクノロジーをチーム自身が決定することが認められていることが多いです。

こういった組織文化の醸成により、チームは外部から許可を得ることなく、独立して新しいアイデアの実験を行えるようになります。また、実験結果をもとに新しい機能の仕様やユーザーストーリーを作成・変更することができるよ

---

10 チームに権限を与えた好例としてNetflixが挙げられます。Netflixでは、開発者が設計、開発、テスト、デプロイ、運用のすべてを一つのチームで担当するフルサイクル開発者モデルを採用することで部門間の壁を取り払い、フィードバックループの改善と責任感の強化に成功しました（https://netflixtechblog.com/full-cycle-developers-at-netflix-a08c31f83249）。

うになり、実験文化の醸成自体にも寄与します。

3.2.4 まとめ

機械学習をビジネスに活かすためには、単に精度の高いモデルを開発するだけでなく、ビジネス価値を生み出すための継続的なプロセスであることを理解し、実験を重ねることが重要です。実験を繰り返すことで、施策の有効性を早期に判断し、リスクを軽減しながら学習と改善を促進できます。

3.3　多様な利害関係者との協業

機械学習を企業内で活用し浸透させていく上では、社内のさまざまな職種や役割の関係者から信頼を得て連携することが必要となります。

本節では、「利害関係者とは誰か」「どのように協業するか」「どのようなところで課題を抱えやすいか」について述べながら協業の仕方を考えていきます。

3.3.1 利害関係者とは誰か

まず、データサイエンティストやMLエンジニアにとっての利害関係者とは、具体的に誰なのでしょうか。図3.5のように大きく3つに分けられます。

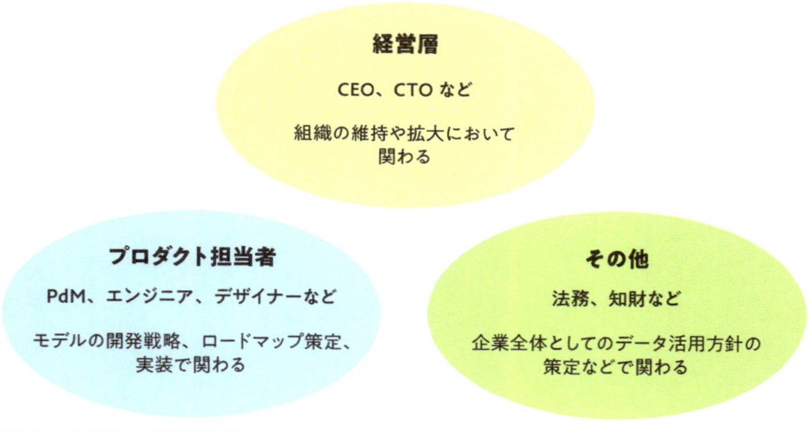

経営層

CEO、CTO など

組織の維持や拡大において
関わる

プロダクト担当者

PdM、エンジニア、デザイナーなど

モデルの開発戦略、ロードマップ策定、
実装で関わる

その他

法務、知財など

企業全体としてのデータ活用方針の
策定などで関わる

● 図3.5　代表的な利害関係者

- **経営層**：機械学習組織の立ち上げや、組織の維持や拡大に関わる重要なカウンターパートです。経営層からの信頼[11]を得られなければ、チームの役割変更や解散に繋がる可能性があります。

   データや機械学習を企業で活用するためには、複数の事業部間で関わりながら進める必要があるため、経営層も絡めた全体から、俯瞰した目線を持ち全体最適を考えられる関係者を巻き込んでいくことが重要です。

- **プロダクト担当者**：機械学習モデルの開発戦略やロードマップへの組み込みおよび実装において常に関わります。プロダクト担当者からの信頼を得られなければ、機械学習モデルを開発しても実際のプロダクトへの実装に繋がらないことや、実装されても一回限りの試行となり継続的な開発や運用に繋がらないことがあるでしょう。
  - PdM
  - エンジニア
  - デザイナー

- **その他**：機械学習の適用に必須なデータの活用や技術を守るための特許などに関わる人たちです。信頼を得られなければ、顧客データという秘匿性の高いデータの利用許可がされず、そもそも機械学習モデル開発ができない状態になったり、できても活用データや活用先が限定的になるかもしれません。
  - 法務
  - 知財
  - その他共通基盤エンジニアなど

3.3.2 どのように協業するか

では、信頼を得ながら機械学習活用を進めるために、どのような観点が必要なのでしょうか。主要な観点は図3.6の4つです。

---

11 河本薫『最強のデータ分析組織』日経BPでは、越えるべき人の壁として4種類：「事業部門と連携する壁」「会社の経営に貢献する壁」「分析組織のメンバーを育てる壁」「モチベーションを維持する壁」が挙げられています。

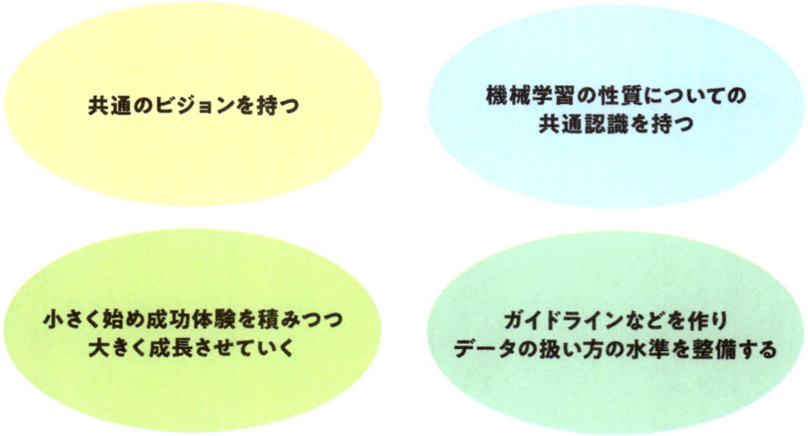

| 共通のビジョンを持つ | 機械学習の性質についての
共通認識を持つ |
| 小さく始め成功体験を積みつつ
大きく成長させていく | ガイドラインなどを作り
データの扱い方の水準を整備する |

● 図3.6　協業の観点

　まず必要なのは、**共通のビジョンを持つ**ということです。

　あくまでも機械学習はツール（手段）であり、事業上の目的を達成するため一要素となる存在です。そのため、まず経営層やプロダクト担当者のビジョンや中長期戦略を理解し、事業としての方向性やゴールを認識すること、そして、自分たちのビジョンや戦略を明示的に示すことにより、具体的にどのような貢献ができるかを理解してもらうことが必要です。

　具体的な進め方として以下が挙げられます。

❶経営戦略や事業戦略を理解した上で、機械学習技術開発の取り組みを事業と常に連携させながら開発を進める。

❷はじめは機械学習技術開発を事業と独立しながら進めつつも、マイルストーン上で合意したタイミングで事業と合流する。

　このような進め方によって経営戦略や事業戦略と技術開発の間で方向性やタイミングを合わせることで、作った技術の実プロダクトへの実装がスムーズになり、開発が無駄になるリスクを抑えることができるようになります。

　利害関係者と自分たちのビジョンが完全に折り合うことはなくとも、お互いの向かう方向が理解されていることが重要となります。

次に、**機械学習でできることやできないことそして必要になることなど、性質についての共通認識を持つ**ことも必要となります。

　「100%の精度を満たす機械学習モデルはない」「モデルが到達する精度は、実際に開発するまでわからない」「一般的に機械学習モデルを開発するには整形された十分な質と量のデータの蓄積が必要」など、データサイエンティストや機械学習エンジニアにとっては明らかな内容についても、共通の議論のバックグラウンドとして担当者間で把握しておきましょう。

　現在はさまざまな機械学習の検証や活用事例が世の中に発信されており情報は得やすくなっていますが、機械学習でできないことや失敗した事例を専門としていない職種の人が知るのはたやすいことではありません。

　当たり前に思われるような内容ほど重要ですが、つい説明を忘れてしまいがちでしょう。基本的なことこそ情報共有するように注意してください。

　そして、**小さく始め成功体験を積みつつ大きく成長させていく**ことも、大事な要素です。

　機械学習プロジェクトは成功の不確実性が高く、運用を開始した後はモニタリングや再学習が継続的に発生するため、はじめから全社展開など大きな枠組みで始めると困難な事象が起こりやすくなります。

　最初は小さくトライアンドエラーを重ね必要な水準まで到達させ、そして適切にリスクコントロールし経営層やプロダクト担当者からの信頼を得つつ、より大きな課題を解決するのがよいでしょう。

　最後に、**ガイドラインなどを作りデータの扱い方の水準を整備する**ことが挙げられます。

　データを分析し機械学習モデルを開発する担当者およびその関係者が小人数のうちは、データや機械学習の扱い方に自然と共通認識を持っている場合が多いでしょう。しかし、採用や退職などで人が多くなったりメンバーが変わるにつれ、データの扱い方のレベル感を揃えるために、ガイドラインなどの整備が有効となります。

　本取り組みのメリットは社内だけでなく、適切な情報をポリシーなどとして開示することでサービスユーザーからの信頼を得ることも可能です。データ活

用ガイドラインを作成するときは、自社内のルールだけでなく他社の事例[12] も参考にするとよいでしょう。

3.3.3 どのようなところで課題を抱えやすいか

本項では、協業する上で抱えやすい課題について述べていきます。これらの課題は総じて、最初にどの程度先を見据え対応できているかが重要になります。

❶期待値コントロールができていない

数年前から各方面で注目されている機械学習は、さまざまな活用方法やサービスが提案され続けていることもあり、過度な期待を生むことがあります。

前項で機械学習の性質について共通認識を持つことの重要性を説明しました。機械学習はときに100%の精度を期待されたり、機械学習を使えば事業の意思決定まで自動でできるだろうという期待を持たれたり、さらにデータがない状態でのモデル開発依頼などが起こる可能性があります。プロジェクト立ち上げの段階や要件定義の段階で現実的なレベルまで期待値コントロールをすることが必須です。

うまくできなければ、その期待を下回る結果から失望に繋がり、プロジェクトがPoCで終わった結果、社内全体でその後機械学習のプロジェクトが新規で立ち上がりにくくなる可能性をはらみます。

❷協業先が時間を待てない

機械学習を使いたければ、まず質と量ともに十分で利用可能な状態になっているデータが必要です。上記を達成するためにはデータ基盤の開発を行わなければならず、またその基盤にデータを十分量蓄積させなければいけません。このような機械学習特有の性質のため、構想してからの時間の先行投資が比較的長くかかります。

そのため、年単位で機能の拡充や売上増加などの事業インパクトに貢献できない場合に、経営層やプロダクト担当者の失望に繋がる可能性があります。必

---

12 NTTドコモ社（https://www.docomo.ne.jp/utility/personal_data/）のように、データ活用のガイドラインがユーザーに対してわかりやすい説明で開示されている例が増えています。

要な時間に関する認識のコントロールも重要です。

❸データの扱いや利用について、適切な自由度を保てない

私たちはユーザーにデータを提供してもらい、それを保存・活用していく上で利用規約を設定し、合意を取っています。この規約をもとに機械学習モデルを開発するのですが、何を予測するのかや何に活用するのかについては開発者に大きな裁量が与えられている場合が多くあります。

その際に開発者としての立場・利益のみを優先して開発を進めると、法律上問題ない扱い方であっても炎上などのレピュテーションリスクを抱える可能性があり、ユーザーからの信頼を棄損してしまいかねません。

一度このような事態が発生すると、会社内においても扱い方を厳しくせざるをえない状態になり、制限により活用の幅が狭まってしまいます。このような制限は、一度決定されると緩和するのは容易ではなく、その後解決まで時間を要することになります。

3.3.4 まとめ

本節では、多様な利害関係者との協業について「利害関係者とは誰か」「どのように協業するか」「どのようなところで課題を抱えやすいか」について考えました。

基本的な協業の仕方や課題を抱えやすいポイントを事前に把握した上で、協業先とコミュニケーションを取りながら機械学習の活用を進めることが必要です。第2部の9章では具体的な企業での事例を取り上げています。

3.4 ビジネスの意思決定に役立つモニタリング

機械学習モデルを実サービスに適用した後に必須で行わなければならないことの一つに、モニタリングがあります。

本節では、なぜモニタリングをしなければならないのか・モニタリングとは何か・どのようなところで課題を抱えやすいかといった点について論じます。

3.4.1 なぜモニタリングしなければならないのか

機械学習モデルを実事業に適用した場合、一般的なシステムのモニタリングに加えて機械学習モデル特有のモニタリングが必要となります。なぜ、機械学習モデル特有のモニタリングが必要となるのでしょうか？

そこには、機械学習モデルがモデリング時点での説明変数と目的変数の関係性[13]などのデータの傾向を学習し、その学習に従って推論を行うことが密に関わっています。もう少し詳しく書くと、過去の傾向が将来にわたってもある程度継続することを前提としていることがキーポイントとなります。

ただ一般的に、我々が機械学習タスクの対象とするほとんどのデータは、時が経つほどにその傾向や説明変数と目的変数の関係性が変わっていきます。そのため、期間の長短によって程度の差はあれど、モデルを適用し続ける限りモデル精度は劣化します。いつかはモデルの作り直しが必要で、そのために半永久的なモニタリングが必要となります。

3.4.2 モニタリングで何を計測するのか

機械学習モデルを実サービスに適用した際に、モニタリングで計測すべき対象としては**モデルの評価指標**と**サービスのKPI**があります（図3.7）[14]。

モデルの評価指標は、モデルの目的変数をどの程度当てられるかの精度を測る数値です。分類モデルや連続値予測モデルなど、どのタスクを対象とするかによって、扱う指標が大別されます。

Kaggle[15]などの機械学習コンペティションの影響もあり、この指標を計測することは重要だと一般的に認知されているでしょう。

---

[13] この関係性は、機械学習の主要なタスクである教師あり学習を前提とするものです。教師なし学習など別のタイプの学習では、学習する対象は異なります。

[14] それぞれの評価指標やKPIの種類や詳細については、高柳慎一ほか『評価指標入門〜データサイエンスとビジネスをつなぐ架け橋〜』技術評論社を参照ください。

[15] Kaggle（https://www.kaggle.com）は世界的な機械学習コンペティションプラットフォームで、本項におけるモデルの評価指標をどの程度まで突き詰めるモデルができたかを順位付けの主対象としています。

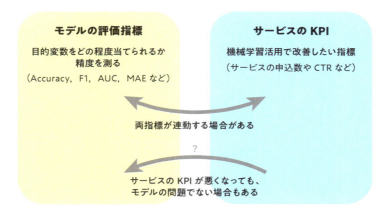

● 図3.7 計測が必要な対象

　サービスのKPIは、機械学習を活用することで改善したい指標のことで、マーケティング領域でのレコメンデーションではサービスの申込数やCTR（クリック率）などが該当します。機械学習を事業で活用するそもそもの目的はモデル適用による事業への貢献です。そのため、直接的または間接的な売上貢献かコスト削減への影響が求められます。こちらもモニタリングする上で欠かせない観点です。

　この2つの指標には以下のような関係性があります。

- モデル精度の評価とサービスのKPIの評価は連動する場合があります。
- サービスのKPIが悪くなっても、原因は他の施策などであり、モデル精度の問題ではない場合もあります。

　このように、機械学習を継続的に事業で活用し続ける上では、モデルの評価指標だけではなくサービスのKPIも併せてモニタリングすることが重要となります。

3.4.3　どのようにモニタリングするのか

　実際にモニタリングする上では、前項で述べた「何を計測するのか」だけでなく「どのようにモニタリングするのか」を事前に定義し、それに従い設計す

ることが非常に重要です。

そのキーワードとして、「機械学習を適用したときから」「継続的に」「適切な
粒度で」監視するという3点があります（図3.8）。

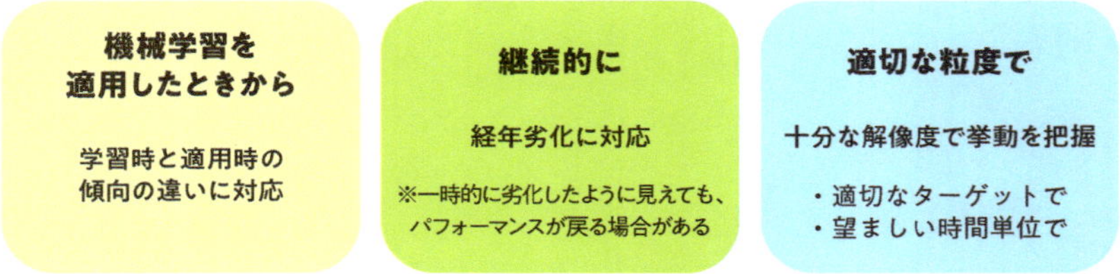

機械学習を適用したときから	継続的に	適切な粒度で
学習時と適用時の傾向の違いに対応	経年劣化に対応 ※一時的に劣化したように見えても、パフォーマンスが戻る場合がある	十分な解像度で挙動を把握 ・適切なターゲットで ・望ましい時間単位で

● 図3.8　監視の観点

まず、「機械学習を適用したときから」監視することについて考えます。

機械学習モデルを開発して実際にサービス適用した後の過程で、訓練時点での
期待性能を満たさなくなる主なタイミングの一つが、初めて適用したときです。

では、なぜこの時点で性能劣化が判明しやすいのでしょうか。原因はいくつ
か考えられます。主要な原因として考えられるのは、訓練時と適用時でデータ
の傾向が変わってしまうこと（ドリフト）、実は訓練時の想定対象と条件が違っ
ていたことです。

データ傾向の変化は、モデル作成から適用までに期間が空いてしまうことに
よって起こります。訓練時点でオフラインテストを行ってからサービスへのモ
デル実装を行いオンラインテストに移行するまでに、評価をしない期間が発生
しやすく、そのうちにデータの傾向が変化してしまうのです。

条件の違いは、訓練に使える対象と適用時の対象に根本的にギャップがある
のに、その点に気付かずプロジェクトを進行させてしまう[16]場合を指します。

例として、金融領域でローンの審査に活用するために返済しない可能性を予
測するモデルを作る場合を考えます。学習データとして持っているのは実際に
お金を貸した申し込み者なのに対して、実際に予測する対象はまだお金を貸す
前の、貸した人・貸さない人の両方が含まれるデータである場合、対象に根本

---

16 ここで言う差異を把握できなかった場合だけでなく、把握できてもギャップを実際には埋められ
ないということも現実では多く起こりえます。一つ重要な点は、ギャップを解決できなくと
も、その存在を認識していることはこれから行うモニタリングには有益だと言えることです。

的なギャップが生じていると言えるでしょう。

　上記は比較的よく知られたギャップですが、それ以外にも取得できるデータの制約などによりギャップが発生することがあります。モデル開発時の要件定義やモニタリングで把握とカバーをしておくことが重要です。

次に、「継続的に」監視することについて考えていきます。

　機械学習のモデルは経年劣化していくため、劣化しはじめた兆候を早い段階で知る必要があります。一方で、一時的に劣化したような傾向を見せていても、実はある期間だけ当初想定していないようなデータが入り込んできて、そのあと傾向がもとに戻る（性能も回復する）こともあります。

　このような事象を検知するためには、継続的な監視を行いそのデータを残しておくことが不可欠です。

　そして**最後に、「適切な粒度で」監視する点について考えましょう。** ここで言う粒度とは、大きく2種類あります。

　1点目は、対象とするのが可能な全体のうち、何をターゲットとするかです。まず予測モデルを開発した対象と同じ範囲や、予測モデルを実サービスで適用する全範囲が考えられます。事業上で重要視する一部の対象があればその部分の範囲を切り取ってモニタリングすることも重要です。モデルの開発対象全体としては大きい変化がなくとも、事業インパクトの大きい対象に悪影響が出ている場合を検出しやすくなります。

　2点目は、望ましい時間単位で集計することです。十分な解像度で挙動を監視するために、対象に合わせて1日や1カ月などの集計単位を設定する必要があります。監視するために必要なサンプル数や捉えたい変化の時間的なスケールを加味して集計単位を決めるのが一般的です。

3.4.4　どのようなところで課題を抱えやすいか

　モニタリングの中で課題が発生するタイミングはさまざまですが、事前の定義や準備に起因する内容が多いため、本項ではこちらに注目します。

　まず、主要なものの一つとして、**そもそも機械学習モデルをローンチしても**

性能をモニタリングできる状態になっていない場合があります。PoC で精度の高いモデルを作ることに注力するあまり、自動化したモニタリングの実装がモデルの実サービスへの適用までに間に合わないこともあります。

このような場合、モデルの出力が期待に沿っているのかそれとも害となっているのかわからず、悪影響があっても早い段階で処置ができなくなってしまいます。

また、自動化できていない箇所を手動で集計分析することでモニタリングする解決法もあります。しかし、この方法を使うと定期的に分析者の時間をまとまって奪うことになります。機械学習モデルを作り実装すればするほどモニタリングの作業に人手を取られ、モニタリング自体が一種の負債となりかねません。

次に、**モニタリングする対象の検討を十分行わないままに決定した場合、モニタリング結果がモデルの作り直しやビジネスの意思決定に結びつかない**ものとなることがあります。

この場合、機械学習モデル適用の効果検証が適切に行えず事業への貢献度も正しく測れません。そのため、半年や1年など時間が経ってから、コストがかかっているのに事業にメリットを提供できていないことに気付く場合があります。そのようなことが発生すると関係者からの失望に繋がり、結果的に長期的な機械学習の開発や実装を行えなくなってしまう可能性もあります。

最後に、**モデルを作り直す基準が未整備な場合、改善活動が困難になる**ことも主要な課題の一つです。

そもそも開発段階でのモデル精度がどの程度まで達するか、または達すれば十分かはタスクやデータに依存します。したがってどの数値を下回ったら再学習などのモデルの改善を行うかの閾値も、統一的なものはありません。それでも私たちは継続的なモデルの改善活動を行い事業へ貢献する必要があるため、場当たり的で軸のぶれた対応をしないためにも、モデルの作り直し基準を定めておくことが重要です。

3.4.5 まとめ

機械学習モデルの実サービスでの利用を安定的に継続して行うためには、モニタリングは必須の要素です。「何を計測するのか」だけでなく「どのようにモニタリングするのか」については、画一的な答えはなくどの事業に機械学習を適用するかなどの背景を加味して決定する必要があります。これらのことは機械学習モデルを実サービスに適用する前に検討しておくことが必要不可欠です。

3.5 MLOps のプロセスを支える文化

機械学習を組織に浸透させ、活用していくためには、システムの構築だけでなく企業文化という側面へのアプローチも考えなければいけません。企業における文化とは、企業内での価値観や行動様式が一般的に該当しますが、本節ではそれに加え以下の2種類の観点（図3.9）から見た文化について考えたいと思います。

❶企業がもともと持っている文化

- 企業のミッションや行っている事業、働いているメンバーのバックグラウンドなどから作られます。
- メーカーかITかそれとも小売業かといった業種区分や、公共性が高いかまだ市場にない新しいサービスを作っているかなどの事業性の違いにより、施策を打つまでに必要なプロセスや意思決定の仕方が異なります。

❷機械学習を活用していく上で根付かせる文化

- 機械学習は特有のメリット・デメリットを持っており、有効活用するための一般的に共通した文化を醸成する必要があります。

企業において機械学習活用を進める上で、上記❷の文化を浸透させていく必要がありますが、❶の企業のもともとの文化により浸透のさせやすさや目指す水準も異なるため、自社の状況に合わせてアレンジしながら文化を根付かせる必要があります。

また、企業文化を急激に大きく変えることは非常に難易度が高いため、いき

なり大きなリスクを負わずにスモールスタートで始め、成功事例を作り伝えて全社に広めていくのがいいでしょう。

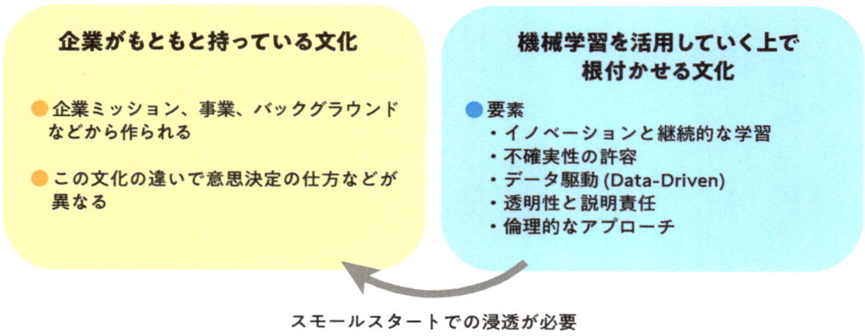

企業がもともと持っている文化	機械学習を活用していく上で根付かせる文化
● 企業ミッション、事業、バックグラウンドなどから作られる ● この文化の違いで意思決定の仕方などが異なる	● 要素 ・イノベーションと継続的な学習 ・不確実性の許容 ・データ駆動 (Data-Driven) ・透明性と説明責任 ・倫理的なアプローチ

スモールスタートでの浸透が必要

●図3.9　2種類の文化

　以下では、根付かせる文化とは具体的にどのようなものかについて、詳細に考えていきます。

3.5.1　機械学習を活用していく上で根付かせる文化

　機械学習活用のための文化の要素には、具体的に以下の5つが挙げられます[17]。

- イノベーションと継続的な学習
- 不確実性の許容
- データ駆動（Data-Driven）
- 透明性と説明責任
- 倫理的なアプローチ

イノベーションと継続的な学習

　機械学習に関連する研究は現在活発に行われているため、常に新しい手法が見つけられており、1年前のスタンダードが次の年には違う手法に取って代わ

---

17 文化については、技術やプロセスとは異なり、さまざまな角度・粒度でのまとめが可能です。今回は、さまざまな事例を参考の上、筆者の経験上考慮すると有用だった観点でまとめています。

られることも珍しくありません。

　機械学習領域では、テーブル・テキスト・画像などデータの性質により扱うアルゴリズムや手法は異なります。

　さらに、同じ種類のデータでも主に使われる手法に変化があることに注意しましょう。たとえば、テキストや画像データに対しては、リカレントニューラルネットワーク（RNN）や畳み込みニューラルネットワーク（CNN）が主流だったものが、トランスフォーマー（Transformer）ベースのモデルが高い精度を達成したことにより、数年前から新しい主流となっていました。そこからさらにトランスフォーマーベースのモデルの中でも複数現れてきており、今後の変化にも注視が必要です。

　上記のような技術トレンドの変化があるため、既存の取得技術だけで乗り切ろうとすると、既存技術の欠点を大幅に改善するような新手法が適用可能になっていた場合、機能として提供できる価値で競合他社に対して劣後してしまう可能性も十分あります。

　企業で機械学習を活用していく上で、既存の技術活用で満足することなく、常に最新の研究や事業活用事例を追い続け、技術力やサービスの進化を重ねていく能力が、イノベーションを生み出し、持続的な成長・成功を生み出す地盤となります。

　アウトプットだけでなくインプットも行う習慣の醸成が、この文化を支える一要素となるでしょう。

不確実性の許容

　機械学習モデルの性能にはいくつかの観点がありますが、とくにその精度はさまざまな要素に依存しています。それには対象となるデータの質や量、有効な特徴量の豊富さ、目的変数となる解決したいタスクの困難さ、そしてアルゴリズムの適切さなどが含まれます。さらにモデル開発のゴールである必要性能も、常に同じではなく状況によって異なります。

　たとえば画像から病気の診断を行いたい場合、一般的には画像の解像度が高く訓練データの数が多いほど、モデル性能が高くなることが期待されます。しかし、予測対象の病気がどのようなもので、そもそも予測しやすいのか、訓練データが満遍なくあるのかそれとも偏っているのかなどの状況で、手に入るデ

ータからの最終的な到達性能は変わります。

　上記のように**機械学習モデルの性能はさまざまな要因の複雑な関係性に依存するため、実際に開発してみないと要求水準を達成するかどうかがわからないという不確実性を抱えています。**

　不確実性を抱える中で成功確率を上げるために、関連する研究の論文や既存のサービス事例を事前に把握し分析しておくことが重要です。同じようなタスクやデータにおいて他の研究所や企業でどのようなアプローチをとり、どのように成功（または失敗）したかの情報を得ることで、実現できる可能性の高い計画を立てられるようになります。

　しかし、事前に入念な調査を行い計画を立てても、開発を進めた結果が期待通りにならないこともあります。典型的な例として、以下のような場面[18]が考えられます。

❶ 社内で新しいデータを活用した機械学習モデルを開発するとき、似たような条件の先行事例があっても同じように性能が出ない場合があります。そのときは、先行事例に明示的に書いていない部分の条件が異なる可能性があります。

❷ 社内ですでに運用しているモデルをタスクを変えず作り直す場合、データの傾向が変わってしまっており既存のモデルを作ったときほどの性能まで達しないこともあります。

　このような状況への対応策[19]として、プロジェクトの初期段階で撤退基準を設定しておくことが重要です。この基準の設定により、価値貢献に繋がる可能性が限りなく低くなったプロジェクトに、いたずらにリソースを使い続けることを防げるようになります。

　撤退基準は、必須性能基準の設定・技術ニーズの確認など、複数の視点を検討した上で設定しておく必要があります。

[18] 今回2例を挙げましたが、これ以外にも多種多様なうまくいかないパターンがあります。
[19] 他にも、技術の他分野への適用可能性を考えておくことや、複数のプランを持っておくことなども考えられます。

このようにバランスを取ることで、不確実性をコントロールできることが期待されます。本件は、開発の中でもより長いスパンでのプロジェクトとなる研究開発でより注意したほうがよいでしょう。

データ駆動（Data-Driven）

組織内で意思決定を行う際に、多角的な視点からの判断が必要となります。とくに重要なのが、定性的な内容だけでなく定量的なデータから得られる情報も併せて考えるということです。

機械学習の導入や運用は、定量的な意思決定をする要素の典型例です。その際には、効果の正確な評価をするために、事前にインパクトを測定したい指標を定義します。そして導入後に指標を常にモニタリングすることで、実際の効果を把握します。

このように施策の効果を定量的に評価し保存する文化を醸成することで、再現性を確保することができるようになります。さらに失敗から学ぶ際にも、データをもとにした分析によりなぜうまくいかなかったかの明確な理解が得られ、今後の施策検討や意思決定へ活かすことができるようになります。このサイクルは、組織全体の競争力を高めることに繋がります。

透明性と説明責任

現在機械学習では、透明性や説明責任が求められる機会が増えています。

一般に透明性というと、機械学習モデル自体に関するものからシステム開発に関する意思決定までを含みますが、本節では代表的な例としてモデル自体の透明性に関して考えていきます。

一般的に機械学習モデルはブラックボックスであると言われます。これは、内部の計算が複雑で、出力に対してなぜそのようになったのかを人が理解し根拠を把握することが一般に困難ないし不可能だからです。

このような性質を持つため、以下の課題を多くの場面で抱えます。

- どれだけ訓練を詰めていこうとも、現実的に100%の予測精度を持つモデルを作ることはできません。そのため、モデルが達成した精度が非常に高くと

も、対象としているサービス自体の性質や事業の段階によっては、達成した精度の水準だけを担保としてモデルを実サービスに導入することができない場合があります。

- 医療などの間違った場合に負うリスクが大きく倫理的な責任の大きい分野はその典型的な例の一つです。
- 金融のローンや融資のように財務的な悪影響が大きいものも、導入のハードルが高くなりやすいサービスです。
- サービスの種類によらず、機械学習モデルを初めて導入し、実際にどのような結果が出てくるかわからない段階には、モデルを実サービスに導入することにはハードルがあります。

この問題に対処するためのアプローチとして、以下のようなものが挙げられます。

❶ 説明可能性を考慮した予測モデルを設計する。
- 重回帰・ロジスティック回帰・決定木などアルゴリズムとしてそもそも説明性の高いモデルを利用します。これらのアルゴリズムは構造上どのような特徴量がどう出力に影響を与えたかが明確にわかります。
- 一方で、構造がシンプルなため比較的精度が出にくい性質があります。

❷ 予測モデルの説明性を考慮せず、モデルを説明するモデルを利用する。
- 予測性能を重視した複雑なモデルを開発した場合、SHAP（SHapley Additive exPlanations）[20] や LIME（Local Interpretable Model-agnostic Explanations）[21] などのモデルを用いることで複雑なモデルについての説明を行うことも可能です。
- この手法を採用することで、説明性のためにモデル精度を犠牲にする必要がありません。
- 一方、これらの説明するモデルは一般にもとのモデルを近似的に説明する

20 https://shap.readthedocs.io/en/latest/
21 https://github.com/marcotcr/lime

ものであるため、❶のやり方ほど厳密な説明はできません。

　上記のように、どちらの方法にもメリット・デメリットがあるので、実際に機械学習で解決したいタスクがどのような性質のものかを把握し、適切に判断していくことが重要です。

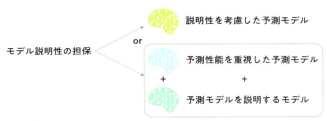

● 図3.10　説明性担保の方法

倫理的なアプローチ

　独自の機械学習モデルを開発し実装することが、企業が競合優位性を手に入れる主要な手段の一つとなっています。そのコアとなるのが、モデルの訓練および推論に使われるユーザーのデータです。

　たとえば、オンラインショッピングでは、ユーザーの購買履歴や検索履歴をもとにしてパーソナライズされた商品の推薦を実現します。このようなデータの活用は、サービスの品質を向上させる一方で、使い方によってはユーザーからのプライバシーに関する懸念を引き起こす可能性があります。

　サービスに付加価値を与え持続的に発展させるためには、自社としての利益追求だけでなくユーザーの感じ方についても考慮する必要があります。具体的には、データの活用の仕方がユーザーへのメリットとして還元されているか、一部のユーザーが極端に優遇（またはその逆）されることがないかなどの確認が必要です。

　たとえば、自社にデータが溜まっている場合、自社内でモデル開発をする以外に、他社にデータを販売しその他社が機械学習モデルをプロダクトに活用することも、選択肢として発生します。

　そのとき自社ユーザーに対して機能面などになんらかの還元がない場合、自

社利益だけを考えている企業としてサービスイメージの低下に繋がる可能性も
あります。

これらの課題を事前に防ぐアプローチの一つとして、プライバシーや公平性
といった倫理的観点でのガイドラインを制定することが挙げられます。このガ
イドラインを作ることで、以下のようなメリットがあります。

- 企業内では、データ利用の原理原則を明確にすることで、従業員にこれを徹
  底させることができます。併せて、自社が提供すべき価値のビジョンを示す
  ものとして機能させ、サービス開発において従業員に共通認識を持たせるこ
  とができます。
- ユーザーに対してこれらを明示することで、サービス利用時の安心感を醸成
  でき、長期的な利用に寄与することができます。

3.5.2 まとめ

本節では、文化的な側面から、機械学習の定着に必要な考え方やアプローチ
について挙げました。

どのような企業においてもMLOpsの背景には文化の要素が関わっています
が、その関わり方は多種多様です。さらに企業やサービスの状態によってどの
ような文化を優先して醸成すべきかは常に変わっていきます。

第2部（とくに11章、12章）では個々の事例における文化的な影響や、それ
をもととした取り組みについても紹介します。

第 2 部

MLOpsの
実践事例と処方箋

株式会社ディー・エヌ・エー　玉木竜二　藤原秀平

4 DeNAにおける機械学習プロジェクトの進め方

こんな人におすすめ
スタンダードな
機械学習システムの
設計がわからない人に

カテゴリ
技術
- 機械学習パイプライン
- 推論システム

4.1 はじめに

　本章の対象者は、データサイエンティストが実装した機械学習モデルを、本番環境のサービスにデプロイするソフトウェアエンジニアです。

　この本を手に取られているエンジニアは、以下のような相談をプロジェクトマネージャーやデータサイエンティストから受けているかもしれません。

- このPoCで作った機械学習モデルを本番環境で使えるようにしたいんだよね、来月末までに。
- レイテンシーは少なく、コストもなるべく抑えて、リアルタイムで推論する機械学習システムが欲しい！
- 特徴量いっぱい、モデルパラメータもいっぱいの機械学習モデルを作りました。デプロイお願いします！

　上記は少し大袈裟に表現していますが、機械学習が民主化されてきた昨今では、このような相談を受けることはあると思います。

　とくにこれまで機械学習システムを作ったことがないエンジニアにとっては、上記のような相談は悩みの種になるでしょう。

　本章を通して、このような悩みを持つ方に対して少しでも何か得られるものを与えられれば幸いです。

4.2 DeNAという会社の事情

まずは、我々が所属する株式会社ディー・エヌ・エー（以降DeNA）という会社のこと、そしてMLOpsチームの目指すところを簡単に説明しましょう。

4.2.1 DeNAの機械学習プロジェクト

DeNAの組織図の一部を簡単にまとめた図を図4.1に示します。DeNAでは、ゲーム、ライブストリーミング、スポーツ、ヘルスケア・メディカルなど、多種多様な事業を行っており、それらは図4.1に示された各事業部によって主導されています。

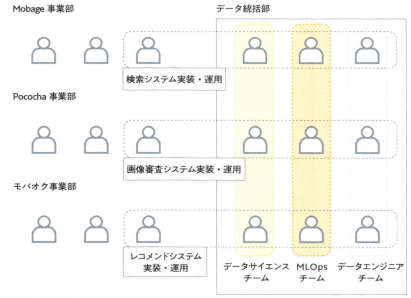

● 図4.1　DeNAにおける組織概念図

また、DeNAでは、Kaggleの豊富な実績を持つデータサイエンティストをはじめ、画像処理、音声生成、強化学習、自然言語処理などに高い専門性を持つAI技術のスペシャリストが多く在籍します。

我々が所属する部署、データ統括部MLエンジニアリンググループでは、AI

技術のスペシャリストがさまざまな事業に対して実装した機械学習モデルを本番環境のシステムに移行し、安定して動作させ続けることを仕事としています。我々の部署は、図4.1のMLOpsチームの一つにあたります。

現在DeNAにおいて使われている機械学習システムの一部を抜粋したものを、表4.1に示します。

事業・サービス名	ドメイン	タスク	抱えていた課題	実現したこと
Mobage	ゲーム	自然言語処理 画像検索	Mobage事業では、長年の運営により蓄積されたアバターアセットの利活用を重視していた。しかし、従来のキーワード検索では、名称を推定しづらいアセットを発見できなかった。また、事前のタグ付けによる対処法は作業負荷が高く現実的でなかった。	AIによるファジーな検索を実現するシステムを開発・導入。多様なアセットの中からでも、名称やタグと一致しない語句や画像による検索が可能となり、希望のアセットにスムーズに到達できるようになった。
逆転オセロニア	ゲーム	強化学習	運用年数が経つほど、複雑化していく対戦環境にて、ゲームプランナーが対戦環境のバランスを調整する難易度が上昇し、運用に費やす時間が増大。対人戦に向けたリアルな練習相手、複雑なデッキ構築の自動化、プレイヤーのサポートツールが望まれた。	多様なデッキを使いこなす練習相手としての対戦AI、おすすめのデッキを自動構築してくれるレコメンドAI、ゲームバランスの調整をサポートするAIを開発。AI技術を適切な形で落とし込むことで、まったく新しいゲーム体験・バランス調整を実現した。
Pococha	ライブストリーミング	画像処理	従来は人間が目視で審査をすべて行っていたが、事業が急成長するに従い、プラットフォームの健全性を担保するための審査プロセスの効率化が急務となった。	人間の審査とAIによる検知を組み合わせた、Human-in-the-Loopを取り入れたシステムを開発・運用した。各種KPIの大幅な改善やコスト削減を達成できた。

112

川崎ブレイブサンダース スポーツ	データ分析	チーム編成にデータを活用しきれていなかった。 現場の感覚で把握しているチーム状況に対して、データでの裏付けをしっかり行いたいという要望があった。	データを活用し、チーム状態を明らかにすると同時に、チーム編成における意思決定のサポートを行った。
VOICE AVATAR 七声ニーナ AI新規事業	音声合成	ユーザー参加型の、より親しみやすい独自IPの創出が求められていた。 目標とする声色の再現性と高速な音声変換の両立が困難だった。	従来難しかった、誰の声からでもキャラクターの声へ高速変換する技術を実現。 エンターテインメントとAI技術の融合により、新しいユーザー体験を生み出した。
モバオク オークション	レコメンド	外部SaaSのレコメンドエンジンで一定のパフォーマンスは出せていたが、チューニングやコスト削減の限界がきていた。コストは抑えつつ、外部SaaSで実現が難しかった、リアルタイムでユーザーが欲しい商品を多様に提案できるレコメンドを構築し、商品発見から入札までの体験を向上させることが求められていた。	内製リアルタイムレコメンドシステムの導入により、ユーザーの行動履歴を即座に反映し、今見ている商品に対して関連のある商品を推薦した。 入札率の向上が見られた。

● 表4.1　DeNAの機械学習プロジェクト事例

　表4.1の通り、DeNAでは多種多様な事業、サービスを運営しています。また、それらに対する機械学習ソリューションのニーズが非常に大きく、各事業で蓄積されたさまざまなデータに触れられることも魅力の一つです。

4.2.2　MLOpsチームが目指す場所

　先述のようなニーズがあるにもかかわらず、機械学習の専門性を持ったエンジニアの人数は限られています。MLOpsエンジニアの人数よりも機械学習プロジェクトの数のほうが多いと言えば事の重大さが伝わるでしょう。

　したがって、少ない工数で効率よく機械学習システムを構築・運用する体制

を整備することは我々にとってもっとも重要なミッションの一つです。

　また、一昔前ならば機械学習プロジェクトは投資としての側面が大きく、ある程度採算を度外視して取り組むことも多くありました。しかし、今は機械学習という技術が十分に浸透した反面、きちんとインフラコストや人件費を回収する勝算を持って挑む必要があります。

　逆に言えば、少ないコストで機械学習システムを仕上げるノウハウを持っていれば、我々MLOpsエンジニアやデータサイエンティストが戦えるフィールドがそれだけ広がるというわけです。

4.2.3 モバオクレコメンドシステムの事例

　本章ではモバオクのレコメンドシステムの事例を紹介します。

　モバオクは、誰でも出品・入札・落札（購入）ができるインターネットオークション・フリマサイトです。モバオクでは、出品や落札といったオークション、フリーマーケットの必須機能以外にも、出品者をフォローするという機能があります。

　そこで、我々は以下の2つの機能の開発に取り組みました。

- フォローレコメンド：入札をするユーザーに対して出品をするユーザーのレコメンドをする機能。
- アイテムレコメンド：入札をするユーザーに対して商品のレコメンドをする機能。

　上記のレコメンドはどちらも、入札をするユーザーにとって欲しい商品を見つけやすくすることを目的としています。

　以降の節では、上記2つの機械学習プロジェクトの事例の紹介をします。順調にプロジェクトが進んだ前者を通してDeNAの普段の機械学習システム開発の様子を、難易度が高くさまざまな苦労を経験した後者を通して多くのMLOpsエンジニアが陥るであろう罠について伝えることが狙いです。

4.3 順調に進んだケース：フォローレコメンドの事例

まずはフォローレコメンドの事例を通して我々の標準的なプロジェクト進行を説明しましょう。

4.3.1 プロジェクトメンバー

表 4.2 は DeNA で機械学習プロジェクトを進める上での典型的なメンバー構成です。組織やプロジェクトの事情によって役割が兼任されることはあれど、多くの企業でも似たような形でしょう。

ポジション名	役割
プロダクトマネージャー	プロダクトの全体計画を立案・実行する
データサイエンティスト	推薦を行う機械学習モデルを実装する
MLOps エンジニア	データサイエンティストが実装した機械学習モデルをシステムに組み込む
データエンジニア	アプリケーションから機械学習・データ分析に必要なデータを収集し、利用可能な状態へ加工・格納することでデータ基盤を提供する

● 表 4.2 DeNA で機械学習プロジェクトを進める上での典型的なメンバー構成

4.3.2 要求

フォローレコメンドでの要求は次の通りでした。

- 原則
  - 趣味嗜好の近いユーザーを手軽に発見・確認でき、繋がることができる。
- 目的
  - 趣味嗜好の近いユーザーを AI によってレコメンドし、フォローを促進させることで繋がり・コミュニティを重視した UX を目指すことが最終的なゴール。
- 機能
  - 日次で更新されるユーザーのデータから、入札しやすい商品を多く出品す

るユーザーをランキング付けし、うち上位をユーザーにフォローレコメンド機能として提示し手軽にフォローできる状態にする。

上記のような要求は、プロダクトマネージャーが各ステークホルダーと調整を行い、プロダクト要求仕様書としてドキュメントに残します。

4.3.3 データの整備と機械学習モデルの作成

プロダクト要求仕様書ができあがったら、次は要求を満たす最小限の機械学習モデルをデータサイエンティストが作成します。

ここで重要なのは、データサイエンティストが本番環境に影響を与えず必要なデータを自由に利用できることです。そのためにアプリケーション上のデータベースからログなどの必要なデータを収集し、自由にデータを扱えるように個人情報や不要な情報を除去するなどの変換を加え、データウェアハウスに格納するといったパイプライン処理を準備する必要があります。

このようなデータパイプラインをデータエンジニアが開発することでデータ基盤を提供でき、データサイエンティストはNotebook環境などへデータを連携して機械学習モデルを開発することができます。こうして整備されたデータは、データサイエンティストに限らずデータアナリストなどさまざまな人に利用されます（図4.2）。

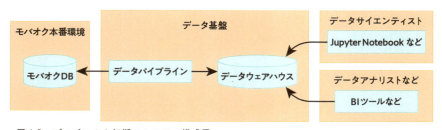

● 図4.2　プロジェクト初期のシステム構成図

4.3.4 機械学習モデルの推論方法

ここまででデータ基盤を活かしたモデルの開発環境が整い、データサイエンティストが、入札ユーザーにとって興味のある商品を出品しているユーザーを

推薦できる機械学習モデルの作成に取りかかることができるようになりました。

　次に考えるのは、機械学習モデルの推論結果をどのように生成するかということです。

　機械学習の推論方法には、大きく分けてバッチ処理とリアルタイム処理の2つがあります。バッチ処理は、ユーザーのリクエストなどには関係なく、定期的にまとめて推論を行う手法です。リアルタイム処理は、ユーザーのリクエストなどに応じて、そのたびに推論を行う手法です。今回のフォローレコメンドでは、我々はバッチ処理を選択しました。考慮したポイントを説明します。

リアルタイム性

　バッチ処理では数時間から1日分の推論をまとめて行う都合上、リアルタイム性が求められる場合には選択肢から外れることになります。たとえば、数分前のユーザーの行動を考慮したいといったケースではリアルタイム処理が必須になるでしょう。フォローレコメンドでは必要な特徴量の関係上、1日に一度レコメンドの結果を更新できれば十分であったため、バッチ処理を選択することができました。

　また、**バッチ処理ではレイテンシーの制約を受けにくいため、データサイエンティストが作成する特徴量や、機械学習モデルの自由度が上がります。ほとんどの場合、PoCで実装した機械学習モデルをそのまま移行することができます。**

実装・運用工数

　推論を1日に一度だけ行うのであれば、データ前処理、機械学習モデルの学習、推論を同一パイプライン上で実装することができます。実装工数を抑えるだけでなく、機械学習モデルの訓練と推論を同じ環境で実装するため、データや実装の差異によるバグが生まれにくくなります。

　著者らの経験上、リアルタイム処理に比べて**バッチ処理のほうが圧倒的にトラブルが少なく運用負荷も軽くなります。**トラブルが起こっても再現性が高いことが多く、原因の特定から再実行による復旧までの対処が容易です。バッチ処理が失敗していても、前日の結果を使えば最低限の結果をユーザーに提供できるというバックアッププランが組みやすいのも見逃せないポイントです。

インフラコスト

　クラウドサービスを利用する場合、必要なときにだけリソースを用意すればよいため、リアルタイム処理に比べてバッチ処理のほうが基本的にインフラコストが安く上がることが多いでしょう。

> **処方箋ポイント**
>
> **まずはバッチ処理で実現できないか考える**
> レイテンシーを考慮する必要が少なく、データサイエンティストの方が制約を気にせず特徴量、モデルを作成することができます。コストも抑えやすく、推論結果の提供も容易です。

4.3.5 推論結果の提供方法

　次に考えるのは、機械学習モデルの推論結果をどのようにサービス側へ提供するかということです。

　推論結果の連携方法は大きく次の2つの選択肢があります。

❶日次で推論した結果をファイルやデータウェアハウスに書き込み、連携するサービスのデータベースに移す。

❷日次で推論した結果をデータベースに書き込み、そのデータベースからデータを取得するWeb API（以降API）サーバーを実装し、連携するサービスとAPI連携を行う。

　❶の場合は、DeNAではよくある定型業務であるため、実装・運用工数を低く抑えることができます。

　❷の場合は、APIサーバーを実装、運用する必要があります。APIサーバーが必要になるケースもありますが、MLOpsエンジニアの工数を減らすために、連携するサービスのデータベースに移す方針になることがDeNAでは多いです。

　フォローレコメンドでは同じ理由により、❶の方針に決定しました。

4.3.6 一連の処理の自動化

　最後に、この機械学習モデルを本番環境に導入するには、以下の処理をシス

テム化する必要があります。

- データの前処理
- 機械学習モデルの訓練
- 機械学習モデルの評価
- 推論
- モバオクへの推論結果の提供

　こういった一連の処理の自動化にはワークフローエンジンを利用しています。図4.2におけるデータサイエンティストがJupyter Notebookで手動で行っていたデータの前処理、モデル訓練、評価、推論といった処理から、推論結果をデータウェアハウスへ書き込むまでの処理を、図4.3のように機械学習ワークフローエンジンを用いて管理し、自動化します。

　ここまでの処理を主に我々MLOpsエンジニアが責任を持ちます。データウェアハウスからサービスのデータベースに書き込む処理は、データエンジニアが担当する別のデータパイプラインによって行われます。このように、DeNAでは**データウェアハウスを責任分界点として担当を分ける**ことがよく行われます。

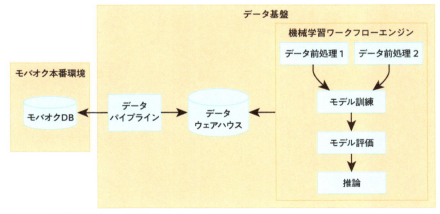

- 図4.3　一連の処理を自動化した後のシステム構成図

ワークフローエンジンを用いることで、以下のようなさまざまな恩恵が得られます。

依存関係のある処理の実行順序の制御

データの前処理から推論結果の提供まで、処理には依存関係があり、順番に実行する必要があります。また、データの前処理では、複数のSQLのクエリが順番に実行される複雑な処理になっていることも多いです。このような処理は、ワークフローエンジンを用いることで容易に実現することができます。

処理の分割

ワークフローエンジンに載せるために処理を細かく分割する過程で次のようなメリットが得られます。

- コードがシンプルで可読性が高い状態で保たれる。
- 各処理が疎結合になり変更・テストをしやすい。
- データウェアハウスへクエリを投げるなど汎用的なコンポーネントを用意することで再利用可能。
- データサイエンティストに訓練のコンポーネントを作成してもらうなど、処理ごとに担当を分けやすい。

運用

運用面でも次のようなメリットがあります。

- 各コンポーネントに渡されたパラメーターなどのメタデータが保存されるため、再現性が高い。
- ワークフローが失敗したときの通知や失敗した処理の特定が容易。

> **処方箋ポイント**
>
> **機械学習モデルの訓練ワークフローを、ワークフローエンジンを用いて管理、自動化する**
> データ収集、データ前処理、モデル訓練、モデル評価、モデルデプロイなど、機械学習モデルの訓練には一連の処理があります。ワークフローエンジンを用いることで、これらの処理の管理を効率的に行えるだけでなく、システムとしてパターン化することができ、他の機械学習プロジェクトでも同じシステム構成を本番環境に導入しやすくなります。

4.3.7 導入効果

　レコメンド導入後のA/Bテストにより、フォローを実施したユニークユーザー数が増加したことを確認できました。また、フォローしたユーザーが出品した商品に入札したユーザーも増加したことが確認できました。

4.4　難航したケース：アイテムレコメンドの事例

　フォローレコメンドと比較してアイテムレコメンドのプロジェクトはかなり難航しました。

　この事例を通して機械学習システムの開発を難しくする要因はどういったものがあるのか、フォローレコメンドのときとの違いに注目しつつ見ていきましょう。そして、その難しさに対してどう立ち向かっていけばいいのか、我々が学んだことを少しでも伝えられればと思います。

4.4.1 要求

　アイテムレコメンドでの要求は以下の通りでした。

- 前提
  - 現在導入済みの外部のレコメンドエンジンの置き換えをしたい。
  - リアルタイムでレコメンドする商品を変える。
- 原則
  - ユーザーが各タイミングで欲しい商品を多様に提案することで、商品発見

から入札までのUXを向上させる。

- 目的
  - 各ユーザーが、各タイミングで欲しい商品をレコメンドし、コンバージョンの増加を目指すことが最終ゴール。
- 機能
  - ユーザーベースアイテムレコメンド

    直近のユーザーの行動をもとに、ユーザーが欲しい商品を提案する。モバオクのトップページで用いる。
  - アイテムベースアイテムレコメンド

    表示されている商品に類似した商品を提案する。モバオクの商品詳細ページで用いる。
- 評価方法
  - 内製レコメンドと現行のレコメンドのA/Bテストを実施し、機能を比較評価する。

4.4.2 リアルタイム性

フォローレコメンドと異なり、アイテムレコメンドではバッチ処理で実装することができませんでした。

モバオクのようなECサイトのユーザーは、欲しい商品が次々と変わることがあります。1日1回のバッチシステムで計算されたレコメンド結果では、その瞬間ユーザーが欲しい商品をレコメンドすることはできません。1時間に1回のバッチシステムでも、ユーザーがサイト、アプリから離れてしまうかもしれません。直近数分のユーザーの行動履歴も考慮してレコメンドする商品を計算できれば、そのときユーザーが探している商品を提供できるようになります。さらに、当日初めてサイトを訪問したユーザーに対しても、すぐに商品をレコメンドすることができるようになります。

バッチシステムによるレコメンドだと、この要件を満たすことができません。

また、データサイエンティストがユーザーが商品の入札をするかしないかを予測する機械学習モデルを実装する際、1時間に1回の粒度で得られるデータから作成した特徴量のみを用いたモデルと、直近数分以内の粒度で得られるデー

タから作成した特徴量を追加したモデルをそれぞれ実装し、比較しました。その結果、直近数分のデータから得られる特徴量が、入札率の向上に大きく貢献しそうなことがわかりました。

以上のような要求から、ユーザーのリクエストがあった際にリアルタイムに近い形で得られる特徴量から推薦するようなシステムの検討が始まりました。

4.4.3　システムとしての難易度とスケジュール

機械学習システムの開発ではモデルの開発とシステム化の作業がありますが、これらは図4.4のように同時に進行できる部分もあればそうでない部分もあります。

● 図4.4　機械学習システム開発に必要な作業とスケジュール

とくにシステムとして難易度が高いほど、機械学習モデルを用意してからでないとできない作業の割合が多くなりがちです。たとえば、レイテンシーの要件を満たせるかどうかの検証は実際の機械学習モデルをAPIサーバーに組み込んでみないと不可能です。

Feature Storeを必要とする場合に十分なパフォーマンスが出るかどうかを検証するのも、モデルが必要とする特徴量がある程度確定している必要があります。

しかも、こういった作業は機械学習モデルが必要である以上、データ連携やモデル作成が遅れた場合に誤魔化しようのない影響を受けることになります。実際、このリスクを甘く見積もっていたことで、我々はかなり厳しいスケジュールを強いられることとなりました。

ここまで読んだ時点で

● **システム要件を満たすことが不可能と判断して撤退する条件を決める**

- **システム要件を満たせるような機械学習モデルを作り直す手戻りのための工数をあらかじめ見積もっておく**

まで考えが巡っていなかった場合、こういったトラブルは読者にとっても他人事ではないでしょう。

4.4.4 PoC／MVP／本開発

フォローレコメンドでは、DeNAの他のプロジェクトでもよく運用されているバッチ処理システムであったために、大きなリスクも発生せずにスムーズにプロジェクトを進行することができました。

一方でアイテムレコメンドでは、初めての試みも多く、前項の通り厳しいスケジュールでのプロジェクト進行となってしまいました。

それでは、一体どうすればこのようにならずに済んだのでしょうか？ 反省点の一つとして、プロジェクトの各フェーズのゴールが曖昧なままプロジェクトを進めてしまっていたことが挙げられます。

プロジェクトの切り方という観点で見ると、今回はたとえば以下のようにPoC／MVP／本開発を定義するのが適切だったのでしょう。

- PoC
  - 機械学習モデルの検証を行う。
  - 想定していた精度が達成できない場合、撤退する。
- MVP
  - PoCで検証した機械学習モデルをシステムに組み込むことが、スループットやレイテンシー、コスト面を考慮し、可能か検証を行う。
  - 不可能であった場合、PoCに戻る。
- 本開発
  - 運用を考慮した開発を行う。
    MVPで開発したシステムの自動化、監視をする。
    実際のサービスへの連携をする。

上記のMVPフェーズに関する内容や工数、達成の期待値をプロジェクトメンバー全体で共有できておらず、その結果、厳しいスケジュールでのプロジェクト進行となってしまいました。**上記のようにプロジェクトをフェーズごとに分割し、各フェーズのゴール、撤退条件についてプロジェクトメンバー全員で認識を合わせることで、現在のプロジェクトのリスクを把握しやすくなります。**

処方箋ポイント

PoCとMVPと本開発のゴール、撤退条件を最初に定義する
これらを最初に定義せずにプロジェクトを推進すると、さまざまな落とし穴が生まれてしまいます。著者らのプロジェクトでもスケジュールやコスト、精度の期待値の認識がずれていたことがありました。最初に各フェーズでの**ゴール、撤退条件**を定義し、全員で共有することで、プロジェクトの後戻りを防ぐことができます。

4.4.5 小さく早くリリースする

実際のアイテムレコメンドのプロジェクトでは、データサイエンティストが作成した機械学習モデルをより簡略化したものを最初にリリースすることになりました。

データサイエンティストが最初に実装した機械学習モデルは、ベクトル検索ベースの候補生成を行った後に、別の機械学習モデルによるリランキングを行うといったものでした。推薦タスクにおいて、このような多段階で推論を行うことは一般的ですが、以下の理由からアイテムレコメンドのファーストリリースではベクトル検索ベースの候補生成のみを行いました。

- 機械学習モデル、システムの早期の検証
  - リランキングモデルを導入する場合、リアルタイム／バッチ特徴量生成パイプライン、リランキングモデル訓練パイプライン、リアルタイム推論のシステムを開発する必要があります。これらのシステム開発を行う前に、ベクトル検索のみで実際の性能を検証することで、後戻りを発生させにくくすることができます。
  - 機械学習モデルのオフライン指標とオンライン指標にギャップがあることが往々にしてあります。ベースラインのモデルでこのギャップを確認する

ことにより、モデルの改善ができるようになります。
- 工数、コストの削減
  - 上記の通り、リランキングモデルを導入する場合は多くの追加のシステムを開発する必要があり、開発工数、システム運用コストが大きくなります。
  - 本案件ではベクトル検索ベースのみの構成を先にリリースすることにより、開発工数、システム運用コストを抑えることができました。
  - QAなどの後続の作業も確認範囲が減り、効率的に行えました。

> **処方箋ポイント**
>
> **最小限の構成でデプロイする**
>
> リアルタイムレコメンドでは、ベクトル検索ベースの候補生成を行った後に、別の機械学習モデルによるリランキングを行うという手法がよく使われます。ベクトル検索ベースの候補生成だけでもリアルタイムレコメンドシステムは実現できるため、リランキングを作り込む前にベクトル検索ベースの候補生成のみの構成でデプロイし、期待する推論結果と大きなズレがないか、システム的にも問題ないかを早めに確かめることをおすすめします。

ファーストリリース時のアイテムレコメンドのシステム構成は、図4.5、表4.3のようになりました。

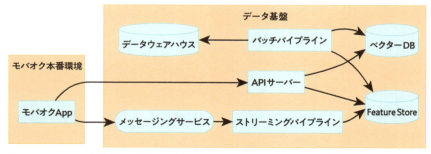

- 図4.5 ファーストリリース時のモバオクアイテムレコメンドシステム構成図

サービス、パイプライン名	説明
APIサーバー	各ユーザーに対するおすすめの商品、各商品に対する類似商品を返すAPIサーバー。
バッチパイプライン	1時間に1回モバオクからデータをまとめて連携するパイプライン。このパイプラインで商品をベクトルに変換し、ベクトルを格納しているデータベースを差分更新する。
ストリーミングパイプライン	モバオクのイベントデータを連携し、ニアリアルタイムでユーザーの行動履歴を更新するパイプライン。

● 表4.3　モバオクアイテムレコメンドのシステムコンポーネント一覧

　表4.3の各サービス、パイプラインは非常に簡素なもので、1〜2週間ほどで実装が終わりました。その後各種テスト、細かい修正を行い、無事に短期間でリアルタイムレコメンドシステムをリリースすることができました。

　ファーストリリース後のA/Bテストの結果、既存のSaaSと比較し、主指標としていたレイテンシー、運用コストは減、入札率は増と、すべての指標を改善できたことがわかりました。当初目標にしていた指標は、ベクトル検索ベースの手法の簡易なシステム構成で達成でき、ファーストリリース後細かい改善を重ね、既存のSaaSをリプレイスすることができました。

4.5　まとめ

　以上が我々が取り組んだ2つの機械学習プロジェクトの事例の簡単な紹介です。

　フォローレコメンドの事例では、データの連携、機械学習モデルの訓練、推論を一度のバッチ処理で行う例を紹介しました。このようなシステムはDeNAではよく導入されていることや、システム構築難易度も低いことから、順調にプロジェクトを進めることができました。

　アイテムレコメンドの事例では、直近数分のデータから得られる特徴量を用いてリアルタイム処理を行う例を紹介しました。システム構築の見積もり、プロジェクト管理の甘さから、厳しいスケジュールでのプロジェクト進行となりましたが、簡易的なシステムでも、目標としていたすべての指標を上回り、無

4　DeNAにおける機械学習プロジェクトの進め方　　**127**

事リアルタイムレコメンドシステムをリリースできました。

　機械学習モデルが簡単に作れるようになってきても、それをサービスに導入するのは未だ簡単ではないと我々は考えています。我々の事例が、あなたの機械学習プロジェクトの成功に少しでも繋がればと思います。

株式会社CAM　原和希

5

少人数で迅速に実現する〜コンテンツレコメンドにおけるMLOps〜

こんな人におすすめ
レコメンドを行う
機械学習システムの
設計がわからない人に

カテゴリ
技術
- 機械学習パイプライン
- 推論システム
- 技術選定

プロセス
- ビジネスの意思決定
  に役立つモニタリング

5.1　はじめに

　株式会社CAMの原和希と申します。機械学習エンジニアとして、機械学習のサービス導入に日々従事しています。

　本章では**コンテンツレコメンドにおけるMLOps**を題材に、MLOpsの導入事例を紹介します。下記が本章で紹介する取り組みの概要です。同様の状況を目指す方々の参考になれば幸いです。

- CTRなどの実績ベースのレコメンドから始まり、機械学習によるパーソナライズレコメンドへとシフトした。
- 少人数かつ、約半年という短期間でMLOpsのシステムを構築、機械学習を本番導入した。
- 新卒で、MLOpsの経験も少ない状態で取り組んだ。

5.1.1　株式会社CAMでの取り組み概要

　私が所属する株式会社CAM[1]は、サイバーエージェントグループでもっとも古い子会社です。

　エンタメコンテンツやビジネスバラエティメディア、ライフスタイルメディアを主軸に30以上のサービスを展開しています。

　CAMではサービス開発のための共通プラットフォームを開発・運用してい

1 https://cam-inc.co.jp/

ます。さまざまな機能を有していますが、その一つが**機械学習によるコンテンツ推薦**を行うレコメンド機能です。この機能を安定稼働させるために、MLOpsの役割を担うシステムを構築・運用しています。

このレコメンド機能は、さまざまな占いコンテンツを展開しているプラットフォームである、marouge[2]へと導入されています。

marougeは会員登録をせずとも利用できますが、月額会員登録をすることでより豊富なコンテンツを利用することができます。さらに月額会員のみが購入できる従量課金コンテンツが存在します。今回紹介するレコメンドはこの従量課金コンテンツにフォーカスしたものです。

5.2 コンテンツレコメンドのためのMLOpsシステム

5.2.1 導入前の状況

今回紹介する事例は、私が2021年にサイバーエージェントへと新卒入社し、CAMへと配属された際に主導したものです。

配属時には、すでに社内のデータ分析基盤が整備されており、機械学習のための訓練データを用意することが可能な状況でした。

加えて、レコメンド用のAPIも開発済みであり、CTRなどをベースとした配信実績ベースのレコメンドが導入されていました。

さらに、フルマネージドサービスでのレコメンド（Google CloudのVertex AI Searchのレコメンデーション機能〈旧称Recommendations AI〉[3]やAWSのAmazon Personalize[4]など）も導入されており[5]、配信実績ベースのレコメンドと比べて高い効果を発揮していました。

以上のことから、機械学習によるパーソナライズレコメンドが売上などの向上に寄与することはすでに確認できていました。

2 https://marouge.jp/
3 https://cloud.google.com/recommendations?hl=ja
4 https://aws.amazon.com/jp/personalize/
5 https://cam-inc.co.jp/p/techblog/5153933372811166657

5.2.2 課題

一方で、機械学習エンジニアやデータサイエンティストが開発した、オリジナルの機械学習モデルをサービスへ導入するための仕組みはありませんでした。

フルマネージドのレコメンドサービスはパフォーマンスが高いのですが、使用可能なデータがある程度決められていることや（ユーザーイベントのタイプなど）、内部のアルゴリズムの詳細は公開されていないという理由で、モデルの改善はクラウドベンダーにある程度委ねられてしまいます。

自身でモデル改善のサイクルを回すことができないことや、特定の用途やユーザーに特化したモデルが独自開発できないことが課題でした。

5.2.3 MLOpsの導入へ

解決策として、機械学習エンジニアやデータサイエンティストが開発したオリジナルの機械学習モデルを導入することになりました。

導入のメリットは、使用するモデルを柔軟に指定できることや、サービスのドメイン知識を踏まえたモデルを作成できることです。これにより、レコメンドモデル改善の幅を広げることができます。

さらに、レコメンド特有の課題として、コールドスタート問題があります。これは、レコメンドモデルの訓練に必要なデータが十分に蓄積されていない際に、推薦精度が低くなるというものです。行動ログが少ない新規ユーザーに特化したモデルを作成することにより、コールドスタート問題を解決することも狙いでした。

以上のことを達成するために、機械学習モデルを安定的かつ継続的に運用するためのMLOpsシステムが必要だと考え、このプロジェクトは立ち上がりました。また、レコメンド以外のモデルを今後開発する際にも、MLOpsシステムを活用したいという狙いもありました。

5.2.4 チーム構成

このプロジェクトに取り組んだメンバーは、機械学習エンジニア1人、データエンジニア1人です。実際にMLOpsのシステム構築とモデル開発を主導したのは、機械学習エンジニアである筆者となります。

当時は、新卒入社したばかりだったので、クラウドサービスの活用経験はほ

とんどなく、一から学ぶ必要がありました。本章では、そんな私が短期間で
MLOpsを実現するまでの経緯と、経験を通して得られた知見をお伝えできれば
と思います。

5.2.5 運用中のMLOpsシステム

まずはじめに、構築したMLOpsシステムを紹介します。図5.1がアーキテク
チャの全体像です。

このMLOpsシステムを用いて、複数のモデルにおける「訓練データの生成・
管理から予測結果の提供（オンライン・バッチ）まで」の処理を定期的に実行
しています。これによって、オリジナルのパーソナライズレコメンドを日々サ
ービスへと提供しています。

5.2.6 マネージドサービスを駆使

MLOpsのシステムは、検証からおよそ半年後に本番稼働を開始しました。

少人数かつ、短期間で構築ができたポイントとして、**パブリッククラウドの
マネージドサービス活用**があります。これにより、システム構築の高速化を図
り、さらに最新のMLOpsノウハウを取り入れることができました。

MLOps を実現するためのマネージドサービスには、Google Cloud の Vertex
AI、AWSのAmazon SageMaker、Microsoft AzureのAzure Machine Learning
などさまざまなものがあります。これらにはMLOpsに必要とされる各機能、
およびオーケストレーションするためのパイプラインが用意されています。ま
た、初学者にとってはこれらのサービスに触れることで、MLOpsに必要な要素
など、システムの全体像を把握できることがメリットになるかと思われます。

アーキテクチャ図からもわかるように、CAM ではGoogle CloudのVertexAI
を採用してシステムの構築を進めました。導入した理由は割愛しますが、私の
過去の登壇やブログ[6,7,8,9]で詳しい解説をしていますので、興味がある方はぜひ
ご参照ください。

---

6 https://cam-inc.co.jp/p/techblog/582520922968163131
7 https://cam-inc.co.jp/p/techblog/582427719648674619
8 https://ca-base-next.cyberagent.co.jp/2022/sessions/mlops-with-vertexai/
9 https://cloudonair.withgoogle.com/events/google-cloud-day-23/watch?talk=tok-d1-
  ml02

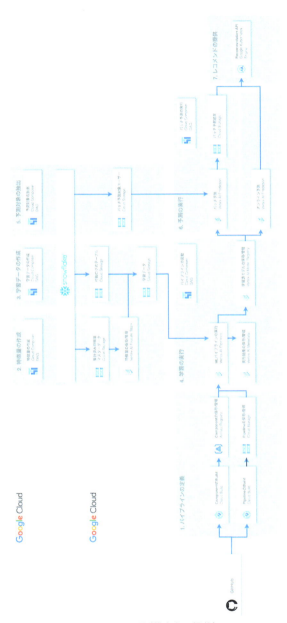

● 図5.1　MLOpsシステムのアーキテクチャ図（横向きに掲載）

5　少人数で迅速に実現する〜コンテンツレコメンドにおけるMLOps　133

MLOpsのシステム構築と同時に、レコメンド用の機械学習モデルを作成しました。筆者のバックグラウンドとして、機械学習モデルを構築するスキルはすでにありました。しかしながら、機械学習に関して精通していなくとも、現在はGoogle CloudのVertex AI AutoML[10]やBigQuery MLなどのマネージドサービスを活用することで、モデルを構築することができます。まだ経験が浅い方は、これらを活用するところから始めるとよいでしょう。

> **処方箋ポイント**
>
> **パブリッククラウドのマネージドサービスを駆使する**
> マネージドサービスを駆使することで、少人数かつ迅速にMLOpsを高いレベルで実現することができます。また、モデルの作成に関しても、機械学習のスペシャリストでなくても、十分に実践的なモデルを作成できます。

5.2.7 レコメンデーションにおけるMLOpsシステム

次に、レコメンドモデルを提供する上でのMLOpsのポイントを紹介します。

私は、レコメンデーションにおけるMLOpsでとくに検討するべきことは以下であると考えています。

- 予測を行うタイミング
  - マスターデータや行動ログの更新タイミングを考慮して予測を行う。
- モデルがリーチすることができるユーザー
  - 既存のモデルではカバーできていないユーザー層にアプローチできるモデルとする。
- 特徴量のサービング方法
  - 時系列の特徴量を扱う場合に、リーク[11]が起きない工夫をする。

場合によっては**機械学習によるパーソナライズを行わず**に、新着やコンテンツのCTR順で推薦する実績ベースのレコメンド、ランダム配信などを行うこと

---

10 https://cloud.google.com/automl?hl=ja
11 特徴量の設計ミスにより、推論時点では利用できないはずの情報がモデルの入力に含まれてしまうこと。

も重要です。

とくにランダム配信は重要です。ランダム配信を行って得たデータを訓練時に使用することで、すでにレコメンドされたアイテムに推薦が偏ってしまうフィードバックループバイアスを軽減できます。CAMでも、機械学習モデルでのパーソナライズロジックとランダム配信ロジックを両方用いて配信しています。

5.2.8 購入履歴がないユーザーへ対応したレコメンド

MLOpsの導入によって、大きく分けて2つのモデルを導入しました。

モデル作成にあたっては、**どのようにして幅広いユーザーにパーソナライズレコメンドを提供して、既存の課題を解決できるか**を考えました。開発当時に解決すべきだった課題は、既存のマネージドレコメンドがリーチできないユーザーや、購入履歴がないユーザーに対してどのようにパーソナライズをするかです。

1つ目のモデルは、**購入履歴の有無にかかわらず、一定量のクリックログや閲覧ログが蓄積されているユーザーにパーソナライズできるモデル**です。

推薦対象となる商品のマスターデータは1日に一度更新がされるようになっていました。そのため1日に一度、新規の特徴量をもとにモデルを訓練し、エンドポイントにデプロイするようなパイプラインを作成しました。また、予測も同様に1日に一度バッチ予測されています。

導入済みのサイトの現在の規模感では、1日に一度の訓練・予測でも十分に訓練を終えることができていますが、サイトの規模感によっては訓練・予測の頻度を落とす、または使用するマシンスペックをアップする必要があるでしょう。これらを費用対効果で決めることも重要なポイントです。

また、具体的な機械学習モデルとしては、LightGBMのランキング予測[12]と、グラフニューラルネットワークの手法であるLightGCN[13]を使用しています。LightGCNの導入の際には、ベストなモデルを高速に選定・導入するためにRecBole[14]を活用しました。RecBoleは、レコメンドアルゴリズム比較用のライ

---

[12] https://lightgbm.readthedocs.io/en/latest/pythonapi/lightgbm.LGBMRanker.html
[13] https://arxiv.org/abs/2002.02126
[14] https://recbole.io/

ブラリであり、43のレコメンド用ベンチマークデータセットで100を超えるアルゴリズムを共通のインターフェースから実行・比較できます。

もちろん、自身で用意したデータセットでの評価も可能です。これにより、自身の環境で効果が高くなるアルゴリズムの選定を素早く行うことができました。

以上の取り組みにより、入会したばかりでまだ商品を購入していないユーザーや、入会後にサイトを閲覧したが、購入までは至っていないライトユーザーに対して、パーソナライズしたアプローチができるようになりました。

5.2.9 新規ユーザーに向けたレコメンド

2つ目は、当日に入会したユーザーに向けたものです。当日入会したユーザーは行動ログが蓄積されていません。そのため、セッションの概念を活用して、次の行動を予測するようなモデルを導入しました。詳細は割愛しますが、Transformerベースのモデルを作成しました。こちらは、オンライン予測とバッチ予測を併用して提供されています。

まず、バッチ予測について説明します。こちらでは、1時間に一度UserIDおよび行動ログがデータウェアハウスへとデータ連携されるため、それらを特徴量として予測を行い、推薦結果とUserIDをElasticsearchに保存しておきます。予測対象は、当日に新規入会があったユーザーです。ユーザーのサイト訪問があり、レコメンドAPIにリクエストが送信されると、Elasticsearchに保存済みの推薦結果を返却します。

しかし、バッチ予測のみでは、ElasticsearchにUserIDがないケースが発生します。たとえば、1時間に一度のデータ連携の前に再訪問をしたケースです。これに対応するために、オンライン予測を使用しています。

導入にあたって、直近の行動ログを参照可能にするデータパイプラインを作成しました。具体的には、Google CloudのPub/SubとDataflowを活用して行動ログをElasticsearchに直接保存するようにしています。

オンライン予測時にレコメンドAPIへとリクエストが送信されると、Elasticsearchから直近のログを取得し、機械学習エンドポイントへとリクエストを送信し、推薦結果を取得します。これにより、リアルタイム性を持ったパ

ーソナライズレコメンドを実現しています。

　バッチ予測とオンライン予測を併用しているのは、オンライン予測にリクエストが集中するのを防ぐためです。これにより、エンドポイントのマシンスペックを抑えつつ、新規ユーザーに対してのオンライン予測を実現しています。

　バッチ予測とオンライン予測の切り替えタイミングについては、図5.2に示す例のようになっています。

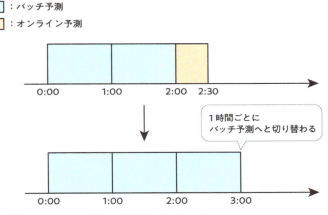

●図5.2　バッチ予測とオンライン予測の切り替えタイミング

5.2.10 適切な予測方法とモデルの選定

すべての推薦をオンライン予測のみまたは、バッチ予測のみで行えばよいわけではありません。

　機械学習の予測APIは予測の処理が入るため、一般的なサービスでのAPIと比べてレイテンシーが高くなりがちです。バッチ予測を行い、事前に推薦結果を保持しておけばレイテンシーを低くすることが可能です。さらに、オンライン予測用エンドポイントのランニングコストの削減や、急なトラフィックの増加にも対応することもできます。

　一方でオンライン予測では、サイト訪問のたびに都度予測をするため、未知のユーザーに対応できるといったメリットがあります。以上のことを踏まえて、要件に合った適切な方法で予測APIを開発する必要があります。

ここまでで説明した、CAMでのパーソナライズレコメンドの適用ユーザーと予測方法は図5.3のようになっています。

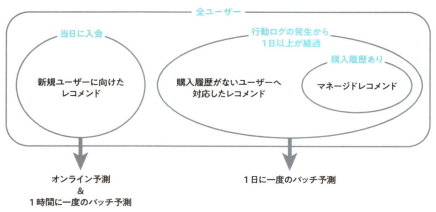

●図5.3　パーソナライズレコメンドの提供ユーザー

> **処方箋ポイント**
>
> **適切なモデルと提供方法を選定する**
> 新規のモデル開発時には、**機械学習のモデルのビジネスインパクトを考慮すること**が重要です。適応されていなかった新たな箇所に導入するのと、既存のモデルを改善するのでは、適応できていなかった箇所に導入する初速のほうがインパクトがあるケースがあります。ご自身のビジネスモデルに合わせて選定したモデル導入を計画的に行いましょう。また、予測方法も重要であり、予測に要する時間などのモデルの性質や予測対象ユーザーによって、**バッチ予測やオンライン予測のどちらで提供するかを選定する**必要があります。

5.2.11　特徴量エンジニアリングをどこで行うか？

　前項まででMLOpsシステムの全体像を紹介しました。CAMのMLOpsシステムではデータウェアハウスで特徴量エンジニアリングを行っています。

　読者の方の中には、Pythonで特徴量エンジニアリングを行うことに馴染みがある方も多いかもしれません。

このシステムを作成し始めた当初は、訓練パイプラインのコンポーネントの一つとしてPythonでNumPyやpandasを使い、特徴量の作成を行っていました。しかし、作成にかかる時間が膨大になり、マシンスペックを上げるとしてもコストが高くなりすぎるのが問題点でした。

そこで、SQLで特徴量作成のコードを記述し、データウェアハウスで実行するようなアーキテクチャに変更しました。

これにより、実行速度を大幅に改善することができ、1日に一度の訓練・予測を実現することができました。

コンポーネント内での特徴量作成に時間がかかりすぎる場合には、データウェアハウスを活用することで、大規模なデータに対応ができます。

加えて、スケーリングもできるようになるため、サービスグロースにも追従可能です。また、BigQueryやSnowflakeなどでは、Pythonのコードを実行することもできるため、SQLに馴染みが薄い方でも学習コストが少なく導入できます。

5.2.12 Feature Storeの活用

特徴量の管理には、Feature Storeを導入しています。これにより、CAMでのレコメンドにおいては下記のようなメリットがあります。

- 時系列特徴量のリークを防ぐ
  - 指定した時点のものを参照可能となり、ユーザーの行動履歴をベースとした特徴量（カウントやシフトベースの特徴量）を用いるときのリークを防ぐことができます。
- 特徴量の再利用
  - 複数のモデルを導入する際に、同じデータソースから特徴量を参照できるため、特徴量作成の重複実行を防ぐことができます。

とくに1つ目は重要です。未来の特徴量を参照してしまうと、オフライン評価の際に容易に予測ができてしまうため、これにより**本来のパフォーマンスよ**

りも**不当に高い数値**が出てしまいます。このようなことが起きると、適切なモデル選定を行うことができません。Feature Storeの多くは、指定したタイムスタンプ時点の特徴量を返却することができるため、解決策となりえます。また、サービスでの予測時にも常に最新の特徴量のみを参照することができます。

5.2.13 パフォーマンス計測用ダッシュボード

モデルの導入後に計測・比較ができるように、ダッシュボードを作成し、日々パフォーマンスを観測しています。

計測している指標と計測理由は下記の通りです。すべて、推薦コンテンツの上位k件を考慮する、@kで算出しています。このkの値は、配信枠に表示されるコンテンツ数に合わせています。

- 配信実績：Imp, CTR, CVR
  - 推薦ロジックの実績を測るため。
- ランキング評価指標：nDCG, MAP, MRR
  - 適切な順序で推薦できているかを確認するため（ユーザーとの親和性が高いコンテンツが上位にいくのが理想的）。
- 集合に対する評価指標：Recall, Precision, F1-Score
  - 順序を考慮せずに、親和性の高いコンテンツを含むことができているかを確認するため。

また、ベイジアンA/Bテストによる結果も表示しています。ベイジアンA/Bテストのメリットは、あらかじめサンプルサイズを決めておく必要がなく、任意のタイミングでテスト結果を見ることができることや、勝率と介入効果の確率分布を取得できることです。これにより、AとBを比べたときに、AのほうがX%の確率でパフォーマンスが高いといった、定量的な判断を日々行うことができます。

> **処方箋ポイント**
>
> **導入後の結果を振り返る**
>
> 数値的に改善結果を見ることが重要です。導入したモデルが既存のモデルから改善されているのか、どの程度数値がリフトしているのかを振り返ることで、ネクストアクションに繋げることができます。また、機械学習によるビジネス価値を証明するために、改善し続けるべきなのかを判断するためにも計測を怠らないようにしましょう。

5.3　取り組みの結果

本章では、MLOpsに関する株式会社CAMでの取り組みについて、次の内容を紹介しました。

- MLOpsシステムを構築するに至った経緯
  - 配信実績ベースや、フルマネージドレコメンドからオリジナルのパーソナライズレコメンドへとシフト
- 少人数かつ短期間でMLOpsシステムを構築した際の考えとアプローチ
  - マネージドサービスを適材適所で活用
- レコメンデーションにおけるMLOpsシステムのポイント
  - 予測タイミングとリーチできるユーザー、特徴量の管理方法を考慮
- 導入したMLOpsシステムのアーキテクチャとパーソナライズレコメンドの概要

本節では、取り組みの結果と得られた知見、そして今後の展望について述べます。

5.3.1　導入結果

MLOpsシステムを導入することで、新規ユーザーや購入履歴がないユーザーなど、パーソナライズでアプローチできる幅が広がりました。

また、新規のモデルを導入する際にも、機械学習エンジニアやデータサイエンティストのみで進められるため、アイデアを迅速にプロダクトへと落とし込

むことが可能になりました。

一方で、MLOps システムとしては、まだ不足している機能もあります。たとえば、パイプラインにおけるコンポーネントのテストやロジック配信割合の動的な最適化などです。そのため、VertexAIはもちろん、他の技術も視野に入れて技術選定と機能拡充をしていきたいと考えています。

最初から、すべてが揃った完璧なMLOpsシステムをつくる必要はなく、自身のプロダクトのフェーズに合わせて必要な機能を取り入れていくことが重要です。

> **処方箋ポイント**
>
> **必要な機能からMLOpsを始める**
> これからMLOpsを始めようと思っている方は、クラウドベンダー各社が定義しているMLOpsレベル[15,16,17]に合わせて、自身に合ったレベルから始めるとよいでしょう。まずは、**機械学習のサービス導入を達成し、ビジネスに価値をもたらす**ことを証明することが重要です。

5.3.2 既存モデルとの比較結果

導入後のA/Bテストの結果は下記の通りです。

- 購入履歴があるユーザー：フルマネージドサービスによるレコメンドがもっともよい結果
- クリックや閲覧が発生してから1日が経過したユーザー：実績ベースの配信よりも、導入したオリジナルのレコメンドモデル（LightGBM）がよい結果
- 新規ユーザー：実績ベースよりも、新規ユーザー向けのモデルが若干よい結果

この結果から、MLOpsのシステムを構築して、独自のパーソナライズレコメ

15 https://cloud.google.com/architecture/mlops-continuous-delivery-and-automation-pipelines-in-machine-learning?hl=ja
16 https://aws.amazon.com/jp/what-is/mlops/
17 https://learn.microsoft.com/ja-jp/azure/architecture/ai-ml/guide/mlops-maturity-model

ンドを導入することで、**より幅広いユーザー層に対してパーソナライズした推薦**をすることができるようになったと言えます。

　一方で、購入履歴があるユーザーに関しては、すでに導入されていたフルマネージドサービスによるレコメンドのパフォーマンスがもっともよく、必要に応じてオリジナルモデルの改善を行う必要があるでしょう。

　加えて、新規ユーザーに向けたモデルに関しても、実績ベースからの改善が十分なものではないため、今後ユーザーの行動を分析し、よりよいロジックを導入する必要があります。

　機械学習においては、一度のモデル導入で完璧な結果が出るということは稀であり、この節で紹介したように、A/Bテストなどによって知見を蓄積し、その**結果を踏まえて改善に繋げることが重要**です。

　このような取り組みができるのは、MLOpsシステムの導入によって、オリジナルのモデルが導入できるようになったことや、開発のリードタイムが短縮したことによるメリットです。

処方箋ポイント

順を追って一歩ずつ改善をしていく

データ基盤の構築から始まり、実績ベースのレコメンド、マネージドサービスによるレコメンド、そして今回紹介したMLOpsシステムを活用したオリジナルのレコメンドのように、**順を追って改善していくことが重要**です。そもそも、向き合っている課題の解決策として、機械学習が有効な手段ではない可能性もあります。そのため、**まずは最短で行えることから始めて、機械学習のビジネス的価値を証明しましょう。**そして、有効な場合にはMLOpsシステムの構築に着手し、オリジナルのモデルを継続的に改善するのがよいでしょう。

5.3.3 サイバーエージェントグループの他サービスへの横展開

　今回紹介した、MLOpsの取り組みはサイバーエージェント社内の他のサービスへと横展開されています。たとえば、同グループ会社のマッチングアプリであるタップルでは、マッチングアルゴリズムへと機械学習を活用しており、それらのモデル訓練には、CAMで培ったVertexAIを活用したMLOpsのシステムの知見が活用されています。

5.3.4 今後の展望

今後の展望は以下の通りです。

- 大規模言語モデルによる特徴量、Embedding を活用したモデル改善
- MLOps システムの改善

1つ目は、2024年現在で著しく成長している大規模言語モデルを活用し、モデルの改善を狙うものです。

2つ目は、運用してから約2年が経過したMLOpsシステムを改善するものです。弊社は現在、LLMを活用した新機能や新サービスの開発に取り組んでいます。これに伴い、VectorStoreの導入や、LLMのパフォーマンス評価の整備、ファインチューニングのための機能を導入する必要があります。

機械学習の技術は常に進んでおり、停滞せずに最新の技術をキャッチアップし、取り入れていくことが重要です。本書籍で紹介した技術やアーキテクチャは、数年後には廃れているかもしれません。また、より便利なマネージドサービスが登場している可能性もあります。しかしその一方で、**MLOpsを行った目的や思考、そこに行き着くためのプロセスが廃れることはありません**。この事例紹介を通して、私の経験が皆さんの指針になることを願っています。

一方で、少人数のチームの場合、常にMLOpsに開発リソースを割き続けるのが難しいのも現実かと思います。そのため、一機能の開発速度を上げるためにも、**マネージドサービスを活用して、高速に機能開発を行っていくことが重要**だと考えます。

5.4 謝辞

本章で紹介しました、MLOpsプロジェクトに関わったみなさまに感謝申し上げます。

とくに、株式会社CAMおよび株式会社タップルのCTOである船ヶ山さん、上司の杉山さん、新卒時代のトレーナーである野口さんには、さまざまな観点でご助言をいただきました。この場を借りて、深く感謝を申し上げます。

6

澁井雄介

顧客ごとに複数機械学習モデルを出し分ける学習と推論のアーキテクチャ

こんな人におすすめ
モデルの数が莫大などの事情で、スタンダードな設計が使えない人に

カテゴリ
技術
● 機械学習パイプライン
● 推論システム

6.1 機械学習システムの在り方を考える

　機械学習を実用化する際、大きく分けて2つのシステムを作ります。機械学習パイプラインと推論システムです。

　機械学習パイプラインは機械学習のモデルを開発し訓練するシステムで、複数の処理を組み合わせて構成します。主な処理はデータの取得、クレンジング、前処理、訓練、評価です。**機械学習パイプラインで訓練された機械学習モデルが推論システムにソフトウェアとともにデプロイされます。**

　推論システムは学習済みの機械学習モデルを活用するコンポーネントで、データに対して推論し、結果を提供します。結果の提供先はさまざまで、Webシステムであればリクエストを送ってきたクライアントに推論結果をレスポンスしますし、バッチシステムであれば推論結果はデータベースに保存することが多いでしょう。

　これらにデータ基盤や監視、リソース管理などの仕組みが加わることがありますが、機械学習のシステムはおおむね訓練と推論で構成されます。

　機械学習システムの各コンポーネントの作り方は機械学習モデルを使う目的によって多種多様です。訓練を日次で実行するシステムもあれば、月次実行なものもあります。複数の機械学習モデルを推論システムで稼働させてA/Bテストを実施することもあれば、一つだけの巨大なモデルが汎用的に使われることもあります。

　どういう機械学習システムを作るのかはビジネス面または技術面の目的や制約次第ですが、その分水嶺となる大きな要素にB2CとB2Bがあります（**図6.1**）。

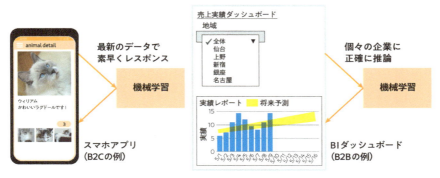

● 図6.1　B2CとB2Bの違い

6.1.1　B2Cの場合

　B2Cではコンシューマ（一般ユーザー）に機械学習モデルの価値を提供します。例としてEC（E-Commerce）やSNS、スマホゲームが挙げられます。
　（ユーザー数次第ですが）**B2Cでは多くの場合、大量のユーザーからのリクエストに応える必要があり、高速に大量のデータを処理することが求められます。**他方で、推論の正確性が高くなければならないとは限りません。
　たとえばECのレコメンデーションはB2Cで機械学習が使われる卑近な用途ですが、ECのトップ画面や関連商品に自分の欲しい商品が並んでいない経験をしたことがある方は多いでしょう。レコメンデーションで商品に優先順位をつける方策は多々ありますが、無関心な商品が多少混じっていても許容されます。
　B2Cでは推論の正確性と同じくらいに推論で使うデータの新鮮さやレスポンスのスピードが重要なことが多く、機械学習システムもそれぞれの均衡を保ちながら作られます（もちろん例外はあります）。

6.1.2　B2Bの場合

　他方で**企業向けのシステムとして使われるB2Bでは、推論の正確性が重視される一方で、データの新鮮さやスピードが重要とは限らないことがあります。**
　たとえば会計の仕分けや領収書のOCRはB2Bで機械学習が活用される好例ですが、いずれもスピードよりも正確性が重要でしょうし、訓練データも頻繁に変化するものではありません。

さらにB2Bで重要な要素はユーザー企業や業態によって要件が異なることです。B2B SaaSのようにマルチテナント型ですべてのユーザー企業に同じソフトウェア基盤で同じサービスを提供するビジネスモデルでも、多かれ少なかれ個別のユーザー企業や業界向けに機能開発が必要になることはあります。**機械学習モデルの訓練も例に漏れず、B2Bでは個々の企業向けに機械学習モデルを開発することが少なくありません。**

　前置きが長くなりましたが、本章ではB2Bにおける機械学習システムのアーキテクチャについて説明します。

6.1.3 あるソフトウェア開発向けツールを提供する企業

　ソフトウェア開発ではさまざまなツールが活用されます。代表的なものとしてプログラミング環境としてのIDE（統合開発環境）や、コード管理のレポジトリ、テスト実行のためのCI基盤が挙げられます。

　昨今の各種開発ツールには機械学習が多く活用されています。たとえばコーディング支援としてGitHub CopilotやChatGPTを活用しているエンジニアは多いのではないでしょうか？　それ以外にもテスト実行支援ツールであるLaunchableやAutifyでは機械学習を有効利用した自動化や時間短縮のサービスを提供しています。

　企業が行う大規模ソフトウェア開発ではコーディングやテスト実行の時間を短縮する効果は計り知れません。コーディングとテスト実行の時間を機械学習によって50%程度効率化することによって、空いた50%の時間を新たな開発にあてることができます。もちろんこれは単純化しすぎた試算ですが、**機械学習によってソフトウェア開発業務を効率化できることは多様なツールが証明しています。**

　今回はB2Bサービスの具体例として、E2Eテストの実行を機械学習で効率化するSaaS提供者（仮にAITester社とします）を考えます。

　AITester社ではユーザーのE2Eテスト実行ログや画面設計を訓練データとして用いて、テストケース漏れやテストケース実行時間を予測するWebサービス

を提供しています。

　AITester社はE2Eテストの長時間化、複雑化に悩んでいるWebサービス企業をターゲットとしています。

　効果的なE2Eテストケースを追加するためには、複雑で膨大なフロントエンドおよびバックエンドのソースコードを理解し、失敗しやすい箇所を把握している必要があります。大規模WebシステムにおけるE2Eテストの開発はQAエンジニアが頭を抱えることの多い重要なタスクですが、AITester社はE2Eテストの開発と実行を改善することを目指します（図6.2）。

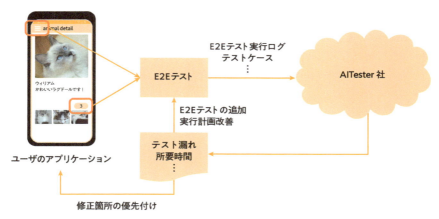

● 図6.2　AIでE2Eテストを効率化するAITester社

6.2　機械学習モデルの共通化と個別化

　先述の通り、**B2Bでは一つの機械学習モデルを全顧客共通で使うケースがある一方で、個々の顧客で個別の機械学習モデルが必要になるケースもあります。**どちらで構成するかは機械学習で解決しようとしている業務要件次第です。AITester社が取るべき方針をシステム構成とデータの側面から検討します。

6.2.1　システム構成による判断

　B2Bではシステム構成を個々のユーザー向けに構築する場合と、共通SaaSとして作る場合があります。

たとえば国別やエリア別にサービスをデプロイする必要がある場合（データを国外に持ち出せないような法的制約があるなど）、機械学習システムも個々のデプロイ先に構築することになるでしょう。国やエリア以外にも、個々の企業向けにシステムをデプロイすることもあります。企業ごとに異なる業務システムが必要な場合や、ネットワークなどのインフラの制限がある場合は、その企業に特化したシステムを構築することになるでしょう。

他方で、国やエリアや企業にかかわらずシステムを構築できるシステムの場合、共通のマルチテナント型SaaSで構築することが可能です。

一つのサービスを提供する場合、**個別に複数のシステムを構築するよりも共通のシステムを一つ作るほうが複雑性が低く、効率的です。**ソフトウェア開発用ツールの場合は後者が多い印象です。

6.2.2 データによる判断

もう一つの判断ポイントはデータです。

ユーザー企業のデータに特化した機械学習モデルを提供するサービスの場合、複数企業のデータを混ぜて単一モデルを作ることは情報漏洩のリスクになりかねません。

たとえば企業のコミュニケーションをサポートするチャットボットを機械学習で提供することを考えます。

近年ではチャットボットの開発にはLLM（Large Language Model、大規模言語モデル）を用いるのが通例でしょう。LLMの訓練やファインチューニングに複数企業のデータを混ぜて用いた結果、A企業のデータに基づいたテキストを、B企業の質問に回答するという事態が想定されます。

もちろんLLMの性質として、多くのデータで訓練したほうが精度が高くなる傾向はありますが、だからといって法的・情報統制的なリスクを負う言い訳にはなりません（図6.3）。

他方で、常に個別に開発することが適切とは限りません。個別に機械学習モデルを作るということは、個々にコストと手間がかかります。

たとえば日本全国都道府県にユーザーが点在しているサービスの場合、47都道府県でデータの傾向がまったく異なるということは稀でしょう。もちろん地

理的に近くても京都と大阪では異なるデータの傾向が見られるでしょうが、47都道府県すべてに個別の機械学習モデルをチューニングして訓練するコストに見合うでしょうか？　最初から個別のモデルを作るよりは、日本全国共通で1モデルを作って運用して、本番データで評価が許容不可なくらい低くなる都道府県や地域のみを個別モデルに切り出していくほうが賢明でしょう。

==ソフトウェア開発においてYAGNI（You Ain't Gonna Need It.）と言われるのと同様に、機械学習モデルも必要になってから作ればいいのです。==

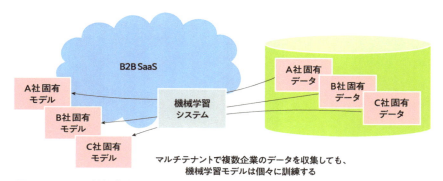

● 図6.3　データと機械学習の運用

　こうした事項をAITester社に当てはめて考えます。
　ソフトウェアテストは対象ソフトウェア固有のロジックをテストします。これはユニットテストでもE2Eテストでも同様です。A社のテスト結果がB社のテストで有効である保証はありません。言い換えると、AITester社はユーザー固有のE2Eテストデータに対して訓練した機械学習モデルを提供することがビジネスの要件になります。

　他方で、個々のユーザー向けに個々の機械学習モデルを開発することが合理的かという疑問もあります。
　もちろんユーザー一社一社にアルゴリズムやハイパーパラメータを最適化したモデルを開発することは非効率でしょう。しかし同一の汎用性の高いアルゴリズムを用いつつ、訓練データは個々のユーザー（または個々のE2Eテストシステム）のものを用いる方針にすれば、合理的かつ無理のない技術選定ができ

ていると言えるでしょう。

　AITester社ではマルチテナント型SaaSの方式を取ります。複数のユーザーが同一のシステムにアクセスし、既存のE2Eテスト実行ログを送り、追加する必要のあるテストケース予測を取得します。

処方箋ポイント

システム構成とデータの共通化・個別化可能性を切り分けのポイントにして機械学習システムを設計
共通化するメリットは効率化と複雑性の低減、デメリットは法的制約や、ユーザーごとにカスタマイズできないことです。
個別化するメリットは個々に最適化可能であること、デメリットはオーバーエンジニアリングになりうることです。

6.3 機械学習モデルを個別に出し分ける機械学習システムを作って運用する

　ここまで書いてきた課題や検討事項を加味して、個々のユーザー向けに個々に機械学習モデルを出し分けるAITester社のシステムを深掘りしていきます。
　今回はわかりやすさのため、ユーザーごとに機械学習モデルを出し分けるものとしますが、業界ごと、エリアごとの出し分けでも設計方針は大きく変わらないのでご安心ください。

　前述の通り、機械学習システムは大きく分けて機械学習パイプラインと推論システムに分けられます。MLOpsでは機械学習パイプラインと推論システムを連続的に繋げて構築し、運用することを目指しますが、開発上は分けて検討したほうが整理しやすいでしょう（図6.4）。
　今回は機械学習パイプラインとしてデータ、特徴量エンジニアリング、訓練、オフライン評価について、続いて推論システムとしてデプロイ、推論、オンライン評価について、設計指針や注意点を中心に説明します。

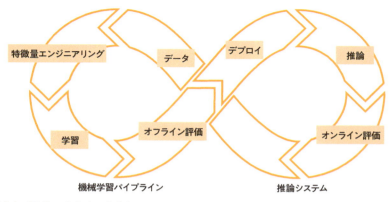

● 図6.4　MLOpsのライフサイクル

6.3.1 機械学習パイプライン　－データ－

==データは機械学習のあらゆるフェーズで重要な役割を果たします。データを正確かつ即座に取得して利用できることは機械学習開発の安定性や生産性を大きく向上させます。==

　AITester社を含むB2B SaaSであれば、データの多くはリレーショナルデータベース（RDB）やキーバリューストア（KVS）に構造化データとして保存するでしょう。
　このとき、ユーザーを管理するために`customers`テーブルを用意すると思います。テスト実行ログのようなデータは、`customers`テーブルの主キーを外部キーとして用いるでしょう（KVSであれば`customer_id`をパーティションキーやソートキーとして使うでしょう）。
　いずれにしても、どのレコードがどのユーザーに属するのかを管理するはずです。

　AITester社がユーザーごとに機械学習モデルを訓練、推論する場合も、テーブル設計されたユーザー管理のデータ構造に従います。
　重要なことは機械学習の訓練、推論データに他ユーザーのレコードが混ざらないことです。正規化して正しくユーザーのIDでフィルターできるようにデー

タが設計されていればいいですが、たとえばテスト実行ログファイルのように
ユーザー企業IDが含まれていないものもあります。ユーザー向けに機械学習モ
デルを訓練するのに、他ユーザーのデータが混ざっていてはバグや情報漏洩の
温床になります。

　機械学習の訓練データとして用いる前に、テスト実行ログファイルの各レコ
ードをcustomersレコードと結合したテーブルを作り、訓練はそのテーブル
を用います。データを正しく使うためには間違いを減らす工夫が必須です。

　データクレンジングも同様に、ユーザーごとに実施します。E2Eテストは複
雑なことが多く、本来想定していないテスト結果が頻繁に発生します。そのテ
スト結果がAITester社として正常なレコードの範囲なのか、除外すべき異常デ
ータになるのか慎重に判断すべきです。

　ユーザーがE2Eテストの異常と判断しても、繰り返し発生する異常であれば
AITester社のサービスでは正常データとして記録する必要があります。さらに
はAITester社のデータ記録システムにバグがあり、記録が間違っている場合も
あります。そうした状況を検知してユーザーが問題なくE2Eテストを効率化で
きるようにするのはAITester社の重要な仕事です。

　データについてもう一つ注意すべき点は、AITester社ではデータドリフトが
ユーザーごとに発生することです。

　マルチテナントであるためテーブル設計やデータ収集は全ユーザーで同じに
なりますが、収集するデータの生成タイミングや生成元は異なります。E2Eテ
ストをリファクタリングしたり、実行環境を変更した場合、テスト実行ログの
一部（例：実行所要時間、システムログのフォーマットなど）が突然変わるこ
とがあります。データが変われば過去のデータで訓練した機械学習モデルは無
用になり、新たなデータでの訓練が必要になります。

　AITester社ではこうした変化がユーザーごとに発生するため、データの監視
や学習済みモデルの継続的な評価は重要なタスクになります。

6　顧客ごとに複数機械学習モデルを出し分ける学習と推論のアーキテクチャ　　**153**

> **処方箋ポイント**
>
> **データを正しく管理**
> データをユーザーごとに紐づけて正しく管理することは重要です。
> 機械学習としての異常データやデータドリフトを把握し、必要に応じて修正や除外しましょう。

6.3.2 機械学習パイプライン －特徴量エンジニアリング－

　ユーザーごとに異なるデータを使って機械学習モデルを作るということは、特徴量エンジニアリングも個々のユーザー向けに必要ということです。

　異なる機械学習モデルを作るとしても、方針として、可能な限りアルゴリズムやプログラムは共通化するほうが望ましいです。

　アルゴリズムやプログラムまで個別に開発していくと、ユーザー数が少ないうちは運用できるかもしれませんが、ユーザーが増えて機能が拡張していくにつれて、各ユーザー向けの修正が難しくなっていきます。

　もちろん全社売上の50％を占めるような超巨大ユーザーを特別扱いすることはあるでしょうが、そういう特別な事情がない限り、取得するデータ以外は機械学習の開発を共通化することが理想です。

　特徴量エンジニアリングをしていくときに重要な注意点は主に2点あります。

　1つ目が訓練のためのデータ分割です。

　AITester社の利用頻度や規模はユーザーによって異なります。毎日使われる場合もあれば、特定期間（ユーザーのリリース直前など）に集中することもあるでしょう。

　AITester社ではE2Eテストの実行ログをもとに訓練データを作ります。このとき、全ユーザーのデータを、直近2週間をテストデータ、それ以前を訓練データと分割するとします。

　この場合、一部のユーザーでは十分なテストデータが集まるでしょうが、一部のユーザーではテストデータがほとんど用意できない事態が発生します。

　機械学習モデルの有用性はテストデータで評価しなければなりません。学習済みモデルの評価に必要なテストデータのレコード数を決めておき、デフォル

トのデータ分割では十分なレコード数が集まらない場合は、そのユーザーのみ
分割期間を動的に変更する工夫が必要です。

　2つ目が特徴量生成と訓練の管理です。
　生成した特徴量も学習済みモデルも、ファイルやデータとして保存しておい
て推論で使います。
　訓練時に用いた特徴量生成のプログラムは一緒に訓練したモデルファイルと
セットになります。推論時にはこのセットを用います。
　加えて、訓練や推論のプログラムを変更して特徴量の作り方を変えた場合や、
プログラミング言語またはライブラリのバージョンを変更した場合、変更後に
作成したファイルのセットを変更後の推論器で使う必要があります。そのため
の推論器の出し分けは後述しますが、特徴量エンジニアリングのときからその
検討が必要ということを覚えておいてください。

処方箋ポイント

データとプログラムと機械学習モデルをセットで考える
テストに必要なデータを定義し、ユーザーごとに動的に取得します。
生成した特徴量と学習済みモデルをセットで管理します。

6.3.3 機械学習パイプライン　−訓練−

　機械学習パイプラインのジョブはユーザーごとに実行します（図6.5）。機械
学習パイプラインをフェーズ（データ収集、クレンジング、特徴量エンジニア
リング、訓練、評価など）ごとに分割するか、1ユーザーの全フェーズを1つの
ジョブで実行するかは設計次第です。

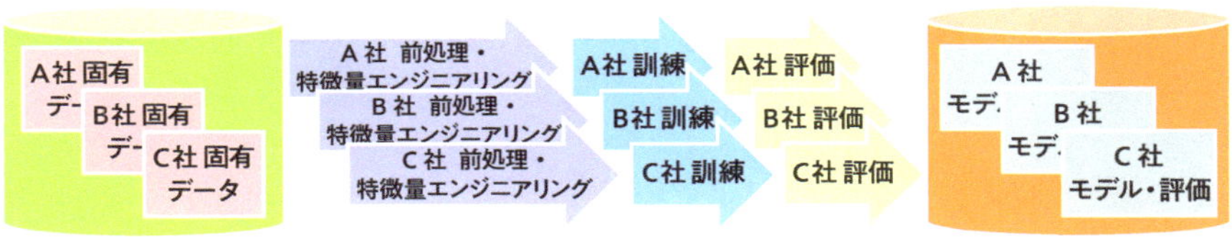

● 図6.5　各社別々に訓練する機械学習パイプライン

6　顧客ごとに複数機械学習モデルを出し分ける学習と推論のアーキテクチャ　　**155**

いずれにしても、ユーザー数が増えると機械学習パイプラインを実行するジョブが増えます。ジョブが増えると煩雑になるため、運用時には注意と工夫が必要です。

　AITester社が使うE2Eテストデータの量はユーザーごとに大きく違います。大規模に頻繁にE2Eテストを実行するユーザーもいますし、頻繁に実行しないものの出力するログが巨大であるというケースもあります。
　いずれにしても、データが巨大な場合、機械学習パイプラインのどのフェーズでも失敗する可能性が高まります。または、E2Eテストの導入初期でテスト実行ログの収集やログフォーマットが不安定なケースもあります。その場合、訓練まで成功するものの、評価では異常な評価値となってしまうことが考えられます。
　失敗したパイプラインを毎回最初から実行しているのでは、時間、コストともに非効率です。各フェーズでモデルファイルなどの生成物を保存して、失敗したフェーズから途中実行できるようにしておき、パイプラインの失敗した段階から再実行する機能を導入しておくとよいでしょう。

　加えて、全体に影響するプログラムやライブラリの変更が発生した場合に、全パイプラインを一斉に実行する仕組みも必要です。ユーザー数が数十件以上存在する場合、全パイプラインを手動で実行することは大変な手間です。さらに一工夫を加えて、パイプラインの実行順番を制御できるとよいでしょう。
　つまり、社内ユーザーやテスト用のアカウントを用意しておき、全パイプライン実行やテスト時には、社内ユーザーを優先してパイプラインを実行し、プログラムが正常稼働し機械学習モデルが問題なく作成できることを確認するのです。新たな変更を本番システムでテストすることがバッドプラクティスであることと同様に、機械学習もいきなり重要なユーザーから試すことは避けるべきです。

> **処方箋ポイント**
>
> **機械学習パイプラインは評価するところまでが1セット**
> 機械学習パイプラインは途中から再実行できるように設計します。
> また、パイプラインをテストするためのテストユーザーを作っておきましょう。

6.3.4 機械学習パイプライン －オフライン評価－

　機械学習パイプラインの最後はオフライン評価です。テストデータと特徴量エンジニアリングおよび訓練で作成したモデルを用いて評価します。大まかに2点の評価を実施します。

　1点目が機械学習としての性能評価です。AITester社はE2Eテストケース漏れや実行所要時間を推論するため、追加可能なテストケースの失敗確率を予測し、評価します（失敗するテストが優先して追加すべきテストケースです）。さらには一定確率以上で失敗すると予測されたテストケース数とその実行時間を指標とします。

　こうした数値を評価することによって、ユーザーは追加すべきE2Eテストケースと実行所要時間予測を知ることができます。

　E2Eテストで失敗しそうな箇所を把握するためには、複雑で膨大なソースコードを理解している必要があり、またE2Eテストの実行は長時間化しがちです。AITester社を用いることで、**テストケースの追加箇所を短時間で特定し、実行時間を計画することができます。こうしたユーザー価値を仮想的に算出することがオフライン評価の意義です。**

　2点目がプログラムとしての動作確認です。作成した特徴量エンジニアリングと訓練のモデルを推論器に組み込んで、問題なく起動し推論できることを確認します。

　推論器のプログラムやライブラリ、言語バージョンが変更されている場合、推論器でモデルをロードできなかったり、推論が誤った値になったりすることがあります。そうした状態を**本番システムにリリースする前に検証し、問題があれば修正することがオフライン評価で実施することです。**

6　顧客ごとに複数機械学習モデルを出し分ける学習と推論のアーキテクチャ

もちろんこれらは各ユーザーの機械学習パイプラインジョブごとに実行します。評価結果はジョブとユーザーごとに集計して比較できるようにしておくとよいでしょう。

> **処方箋ポイント**
>
> **モデルとプログラムをオフライン評価**
> オフライン評価は機械学習モデルを実用化したときに意味のある指標を使い、推論プログラムが正常稼働することをテストします。

6.3.5 推論システム　－デプロイと推論システム－

　ここまで、ユーザーごとに機械学習パイプラインを作る設計を書いてきました。機械学習パイプラインはワークフローシステムとなるため、個々のパイプラインやジョブで分けることは一般的な方策です。推論システムもバッチジョブとして実行する場合は同様の仕組みで作ることができます。

　しかし、AITester社では推論システムはAPIシステムとして作ります。Webのレスポンシブなシステムであれば REST API（または gRPC）をインターフェイスとして推論システムを構築します。そのため、学習済みモデルを Web システムに組み込む必要があります。
　ユーザーごとに学習済みモデルが存在することで発生する厄介な課題は以下になります。

❶各機械学習モデルの更新タイミングが異なる。
❷多数の機械学習モデルをオンラインで稼働させる必要があり、いつ、どの機械学習モデルにリクエストが来るのかコントロールが難しい。

　こうした課題はデプロイ方法と推論システムの両面から検討していく必要があります。

　更新のタイミングが異なるという課題は、機械学習パイプラインが異なるタイミングで開始し、完了することで発生するものです。データが異なれば訓練

の収束に要する時間は異なりますし、ユーザーによっては以前の機械学習モデルのほうが精度がよい場合もあります。つまり、**異なるタイミングでユーザーに提供する学習済みモデルを入れ替えるデプロイと推論システムが必要になるのです。**

　ここに2つ目の課題である、多数の機械学習モデルを稼働させるという課題が絡んできます。
　数個程度の機械学習モデルだけであれば（つまりユーザーが数社程度であれば）、個々の機械学習モデル向けにコンテナを起動してデプロイすればよいでしょう。
　しかしこれが数十以上のユーザー向けとなると話は別です。数十以上のユーザー向けに個々の機械学習モデルを効率的かつ安定的に提供する仕組みが必要になります。

　1つ目のパターンとして、各ユーザー向けに異なるコンテナを起動することを考えます（図6.6）。この場合、各ユーザーからのリクエストは専用のコンテナにルーティングして推論結果を得ます。構成としてはシンプルです。加えて、**ユーザーごとにコンテナを起動するため、コンテナのライブラリや言語のバージョンを個別に変更することができます。**

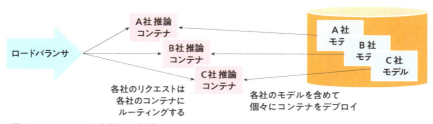

● 図6.6　コンテナを分割して推論

　ただし、全ユーザーのためにそれぞれのコンテナをビルドしてデプロイして……という処理が必要になります。運用時には数十以上のコンテナが起動し、リソースを所有し、オンラインでリクエストを受け付け、必要に応じてスケールアウトすることになります。AITester社のユーザーには利用時間の閑散・繁

忙期があります。E2Eテストの実行頻度や規模はユーザーによって大きく異なり、タイミングを予測することは困難です。

結果として推論のための数十以上のコンテナは常に稼働している状態になります。

こうした課題を回避するため、2つ目のパターンとして、ユーザーを数社ずつのグループに分けて、グループ用のコンテナを起動し、グループに属するユーザーの学習済みモデルをそのコンテナに配置することを考えます（図6.7）。

機械学習モデルは同じパイプラインで訓練されるため、推論プログラムも同一にすることができます。**1コンテナの中でグループに属する各ユーザーの学習済みモデルを読み込み、個々に推論オブジェクトとして起動し、対象のユーザーからリクエストが来たら該当するユーザーの推論オブジェクトが推論して結果をレスポンスする仕組みです。**

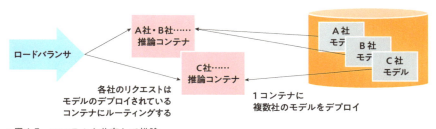

● 図6.7　コンテナを共有して推論

もちろん全ユーザーの学習済みモデルを1コンテナで読み込むのは考えものですが、たとえば各コンテナ10ユーザーずつ、10コンテナで起動すれば数十ユーザーを数コンテナでカバーすることができます。

このパターンの課題は学習済みモデルを更新する方法です。推論コンテナの起動と同時に対象ユーザーの推論オブジェクトが起動しますが、一ユーザーのモデルを更新するためにコンテナごと再起動するのは避けたいでしょう。

方策として、定期的（1時間ごとなど）に学習済みモデルの更新を監視し、更新があるユーザーの推論オブジェクトのみ作り直すという方法が考えられます。もちろん推論オブジェクトの再作成中はそのユーザーのみ推論が遅くなり

ますが、同一コンテナの全ユーザーが途絶えるよりはまだよいでしょう。

　もう一つの課題は、ライブラリや言語のバージョンを個別のユーザーのみ更新することが難しい点です。テストのために社内ユーザーのみ先にバージョンを更新して検証したい場合、社内ユーザーの学習済みモデルだけが配置されるコンテナを作る必要があります。追加の配置ロジックはシステムを複雑化させ障害を引き起こす原因になるので、慎重に検討しなければなりません。

処方箋ポイント

ユーザーに使ってもらうことを考えてデプロイを設計
ユーザー数や規模に応じて、個々のユーザー向け機械学習モデルを推論システムとしてデプロイする方法を工夫します。

6.3.6 **推論システム　－オンライン評価－**

　最後にオンライン評価です。オフライン評価同様、オンライン評価もユーザーごとに集計する必要があります。

　AITester社の価値は前述の通り、未実装の重要なテストケースとテスト実行時間を予測することです。オンライン評価の指標はもちろん、推論したテストケースや所要時間と、追加したテストケースの失敗率と所要時間との誤差です。さらに深掘りすると、ユーザーにとってのメリットはAITester社によって**E2Eテストの追加時間を短縮し、計画的な実行を実現し、結果として早期にソフトウェア品質を向上させること**です。

　逆にAITester社を利用するリスクは、不要なテストケースを追加したり、実行計画が実態と大きくズレたりすることです。**機械学習によってユーザーに与えた正負の影響を計測し評価することが肝要**です。

処方箋ポイント

ユーザー価値を評価
ユーザーがサービスから得られる実際の価値に即して評価します。

6.4 まとめ

　本章では仮想のAITester社を例として、B2B SaaSにおける機械学習システムの在り方をフェーズ別に整理しました。

　機械学習の活用というと、ECやSNSのようなB2Cのシステムが代表例として挙げられることが多いですし、インターネットで検索して出てくる事例もB2Cが多い印象です。

　しかしB2Bにおいても機械学習は十分活用可能です。技術をうまく乗りこなすためには用途に応じた工夫が必要になります。B2Bの機械学習システムでは、B2Cでは滅多に出会わないような課題に直面することがあるかもしれませんが、本章がそうした事態を乗り越えるヒントになれば幸いです。

7 機械学習パイプライン 構築事例から見る 技術選定

安立 健人

こんな人におすすめ
技術選定にあたっての
方針を決めなければ
いけない人に

カテゴリ
技術
- 技術選定
- 推論システム
- 機械学習の実行環境
  とアクセラレーター

7.1 はじめに

はじめまして、普段は@ken11というハンドルネームで活動しております、安立健人です。本章では、私が過去に経験した機械学習プロジェクトについてお話しできればと思います。

7.1.1 企業概要

私が以前勤めていた企業（以降、A社）にはいくつかのAI/ML関連部署が存在していました。その中でも、当時私が所属していたのはAI/MLのプロダクト実装を目的としたチームでした。今回ご紹介するのはそのチームで、チャットボットのサービスを展開するグループ会社（以降、B社）のプロジェクトを支援した際の話です。

7.1.2 プロジェクト背景

これからご紹介するプロジェクトは、B社のチャットボットサービスの事例です。このチャットボットサービスでは当時、訓練・推論の環境にマネージドなサービスを利用していましたが、ある日、自前の訓練・推論環境へ改善を行うプロジェクトが発足しました。このプロジェクトでは短期間での改善が求められていたため、私が支援する形で参画しました。

7.2 プロジェクト概要

7.2.1 どのようなサービスだったか

このチャットボットのサービスでは、==ユーザーごとにモデルをファインチューニングして利用できることが特徴==の一つとなっていました。また、ユーザーはおのおのの訓練データを用意して、そのファインチューニングを自由に好きなタイミングで実行可能となっていました。

そのため、多数のモデルを常時リアルタイム推論できるようにサービングすることと、ユーザーのリクエストがあればすぐにファインチューニングを実行可能な環境を提供するという、2つの点で複雑性の高いサービスであったと考えています。

チャットボットサービスということで、使用していたモデルは自然言語処理の深層学習モデルで、これらの訓練・推論環境も大きめのリソースが必要となっていました。訓練・推論のパイプラインを定常的に提供するというのは、たとえ1モデルであっても簡単なことではないと思っていますが、それを複数ユーザーに提供しなければならないということで、次のようなさまざまな課題を抱えていました。

7.2.2 課題

課題は大きく分けて3つありました。

まず1つ目は、前述の==大規模な訓練・推論環境を提供するためのアーキテクチャ設計・運用も考えた上での技術選定==です。当時私は機械学習・MLOpsという領域でこれほど大規模な設計は未経験であり、時間がない中でこういったことを考えるのはいっそう困難でした。

ユーザーの数だけモデルをサービングできる状態にしておく必要があり、しかもそれはリアルタイム推論ということで、コストの問題はもちろんのこと、リソースの問題にも直面していました。

前述の通り使用していたモデルは深層学習のモデルだったので、リアルタイム推論をしようと思うとGPUの利用を視野に入れないといけません（もちろ

ん、CPUでも十分リアルタイム推論できる深層学習モデルも存在します。エッジ推論なども含め、こういった**サービング時まで考慮したモデルの選択がそもそも重要**ですね）。

GPUは世界的に枯渇しているので、安定的にモデルサービングするだけのリソースをそもそも確保できるのかといった問題は、とても頭を悩ませました。

2つ目は推論のレイテンシーです。サービスの特性上、リアルタイム推論のレスポンスにかかる時間の要求水準はとても高くなっていました。この課題は先ほどのリソース選択の課題にも直結してきますが、**サービスでの要求水準が高くなると必然的に選べる選択肢も減ってしまう**ので、サービスのコストパフォーマンスなども含めて考えるととても苦しくなってしまいます。

3つ目はもっとも苦労した点でもありますが、とにかく時間がなかったことです。これはビジネスの都合なのでどうすることもできませんでしたが、プロジェクト開始時点で与えられた時間が2カ月ほどしかなく、短期間でやりきらなければならないというのは一番の課題でした。

そもそも「やること」「やらないこと」の取捨選択や人員配置も含めたチーム作りからよく考えないと、絶対に期日には間に合わないだろうというプレッシャーもありました。

7.3 方針の検討

機械学習を活用したサービスを作るのであれば、まず最初に次のようなことを考える必要があるでしょう。

- そのサービスは本当に機械学習を必要としているか？
- そのサービスはリアルタイムな推論結果を必要としているか？
- 推論結果を提供するのに許容される時間はどの程度なのか？（レイテンシー）
- GPUなどの機械学習に強いチップが必要になるモデルが求められているのか？

こういったことをしっかりと考えていくことで、機械学習ならではの問題とはより向き合いやすくなると思います。

今回のプロジェクトはすでに機械学習を使っているサービスの移行だったので、機械学習モデルおよびリアルタイムな推論結果提供の必要性は、プロジェクト開始時点で明らかでした。また、レイテンシーについても、すでにサービスとして高い要求水準となっていることがわかっていました。これらの状況を踏まえると、GPUなどのハードウェア選択が必須であるということも見えてきます。

このような状況を踏まえ、私はプロジェクト開始当初に次のような方針を決めていました。

7.3.1 得意な技術を選択する

今回のプロジェクトにおいて、技術的に大きな壁となるのはレイテンシーの部分でした。比較的大きいモデルによる推論を、とても小さいレイテンシーでレスポンスするというのは難しいことですが、さらにそれをごく短期間で実現しようというのは困難を極めます。

私はこの==レイテンシーという課題に集中して対処するため、それ以外のアーキテクチャ設計・技術選定ではあえて徹底的に使い慣れた技術を採用する==という方針を採りました。

基本的な設計に自分自身が自信を持って実装・運用できるものを選ぶことで、なるべく多くの部分で技術的な不確実性を排除し、推論レイテンシーというチャレンジングな課題に対してより多くの時間を費やしたり大胆な選択を採ったりすることが可能になります。

また、使い慣れた技術を採用することで、今までの知見を100%活かすことができます。これはもちろん手戻りや実装のミスを減らすという効果もありますが、==「最悪のケースでも自分自身でなんとかやりきれる」という保証を得ることで安心してプロジェクト進行できる==というメリットもあります（自分自身の身体を保証にするというのはあまり褒められたことではありませんが、今回のように時間の限られたプロジェクトでは仕方のないことでしょう）。

> **処方箋ポイント**
>
> **技術選定の醍醐味**
> 技術選定では「攻める部分」と「守る部分」の判断が重要です。プロジェクトの抱える課題に対して技術的に攻めるのか守るのか、プロジェクトに関わるチームメンバーの状況や与えられている猶予を鑑みながら冷静に判断することは、技術選定の醍醐味でもあります。

7.3.2 少数精鋭化

そして今回のプロジェクトではチームメンバーをごく少数に絞って進めることを決めていました。

これにはもちろん理由があり、主に意志決定速度を向上させる狙いがありました。時間がないときに人を入れれば必ずしもスピードアップするかというとそういうことはなく、こういった状況下ではそもそも意志決定スピードを上げないと全体のスピードがアップしないという問題があります。人が少ないほうが一般的に意思決定は早くなるので、今回はあえてチームメンバーを絞りました[1]。

機械学習プロジェクトというのは、一般的に関わる人が多くなりがちではないでしょうか。しかしたとえ機械学習プロジェクトであっても、このようなソフトウェア開発でよく直面する問題と解決法というのは通用するものなので、**「機械学習だから」ということを考えずにこれまでの経験から思い切った選択をすることも重要**だと考えています。

7.4 取り組み内容

では、そのような方針を採った上で実際にどのようにして課題を乗り越えたのかをご紹介します。

7.4.1 基礎アーキテクチャの技術選定

基礎となるアーキテクチャには、モデルサービング部分でAWSのAmazon ECSを、訓練基盤部分でAWSのAmazon SageMakerをそれぞれ選択しました。

---

1 Fast alone, Far together ということわざもあります。

ECSは私が長年利用してきていたこともあり、過去に作ってきたサービスでも実績があったので選択しました。SageMakerについてはA社に入社して以来利用しており、当時AWSの方からも手厚いサポートを受けることができたという理由もあって選択しました。

　今回の訓練・推論環境のような機械学習基盤の選択肢としてはもちろんGoogle Cloudもあると思いますし、Google Cloudについてまったく考えなかったわけではありません。ただ今回の意思決定としては自分自身が慣れ親しんだAWSを使用するほうが、総合的にスピードを上げることができるだろうという判断からAWSを選択しました。後ほどご紹介する推論チップのこともあり、結果的にこの選択は正解だったと感じています。

　また、ECSではなくAmazon EKS（マネージドKubernetesサービス）という選択肢もありました。しかしながら、EKSというのは大規模なシステムで多数のコンテナが動いているような状況でこそメリットを享受できるものだと私は考えています。実際、過去に他社で導入した事例では、メンバーの学習コストの高さや、約3カ月に一度ほど訪れるアップデート作業などといった運用コストの苦しさといった話を聞いていたので、今回のようなプロジェクトではEKSを採用する必要性もなく不向きだと判断しました。

処方箋ポイント

技術と事例に対するアンテナ

日頃から自分が関わりそうな技術についてはアンテナを張って情報を仕入れておくことは、技術選定においてとても大切です。直近で使う予定がないとしても、事例などを把握しておくことで、いざ自分が採用するかどうか判断しないといけないときに判断基準となり役立ちます。

処方箋ポイント

ECS と EKS

最近ではKubernetesベースのEKSやGKEといったサービスを積極的に選ぶケースも増えていると思います。私は接続・連携するマイクロサービスが多いケースでなければECSを使うほうが学習コストや運用コストといった点で優位だと考えています。

また、SageMakerを使った訓練基盤のワークフロー化には、図7.1のようにAWS Step Functions[2]を活用しました。こちらも利用実績があり、スピーディーに実装できる自信があったことが採用の理由です。Step Functions自体は機械学習に限らずAWSのサービスを組み合わせて複雑なワークフローを組める点でとても便利なので、まだ使ったことがない方はぜひ使ってみてください。

● 図7.1　Step FunctionsとSageMakerを利用したトレーニングパイプライン

7.4.2　AWS Inferentiaの採用

　一方、モデルサービングにあたっては**AWSの独自チップであるAWS Inferentia**[3]**を活用**することを選択しました。チャレンジングな課題であったレイテンシーに対応するために大胆な選択を取ることになりましたが、これには機械学習モデルならではの複数の理由が隠れています。

　先ほども少し触れましたが、機械学習、とくに深層学習を利用したモデルの推論処理には、CPUでは時間がかかってしまうケースが往々にして存在します。そのため今回のようにリアルタイム推論を必要としているケースでは、CPUよりも同時に多量の計算をすることが得意なGPUを使ってモデルをサービングすることが一般的かと思います。

　しかしながら、GPU付きのインスタンスは常に多くの企業・ユーザーの間で求められており、安定して大規模な台数を確保することが困難であるという側面もあります。

　たとえばこのプロジェクトを進めていた当時では、AWSの東京リージョンで

2　https://aws.amazon.com/jp/step-functions/
3　https://aws.amazon.com/jp/machine-learning/inferentia/

提供されていたGPU付きのインスタンスと言えばG4dnファミリーやP4dファミリーでした。しかし、P4dファミリーはNVIDIAのAmpere世代GPUのA100[4]を搭載したものでとても高価であり、かといってP3ファミリーは世代が古いGPUなので、実質的な選択肢がG4dnファミリーしかないという状況でした（執筆時点ではA10G搭載のG5ファミリーなども東京リージョンに登場してきており、選択肢は増えてきた印象です）。

　もちろんその上でGPUの利用を検討しましたが、当時のAWSでコストを踏まえた上で選択肢の候補として挙がるGPUでは、要求されたレイテンシーを満たすことが難しいという状況でした。

　そこでAWSの方々と相談して候補に挙がってきたのが、AWS独自の機械学習推論処理に特化したチップであるAWS Inferentiaでした。

　機械学習モデルを触っていれば当然ながらCUDAを使った実装のほうが慣れていて使いやすく、もちろんモデル自体もCUDAで動かすことを前提に作られていたので、ここで非CUDAの実装をするのか（できるのか）というのはとても悩みました。

　非CUDAの独自チップということで実装が困難なのではないかという心配があり、時間がない中でそれにトライしている場合なのかとも思いました。仮に動いたとしても本当に精度が既存の状態と大きく変わらない程度に出せるのかという疑問ももちろんありました。

　結果的に、私はこのInferentiaを採用しました。まず実装の難しさですが、これはとても簡単でした。<mark>サポートされているモデルアーキテクチャであればコンパイルするだけで簡単に利用できる</mark>ようになっており、実装時間はとても短く済みました。懸念事項だった精度も大きく変わらず、それでいて推論速度は向上し無事に要求水準を満たすことができました。さらに<mark>コスト面でも他のGPUインスタンスより優位</mark>ということで、Inferentiaを採用するという結論を下しました。

4　本プロジェクト当時は最新世代で、もっとも高性能で高価なGPUの一つでした。現在はさらに進んだHopperという世代が登場しています。

ただ、今回は運がよかったというのもその後判明しています。私自身がその後調査した限りでは、Inferentiaもバグなどの理由で本来の性能を発揮できない事象もあるようです。当然のことではありますが必ずしもすべてうまくいくわけではありません。

　たまたま今回のプロジェクトで使っていたモデルアーキテクチャではInferentiaがうまく刺さった、という見方を忘れてはいけません。そういったことも含め、積極的にトライアンドエラーを繰り返していく姿勢は、たとえ時間がない状況でも重要でしょう。

　今回は、実装がとても簡単でCUDAからすぐに移行でき、本プロジェクトのような時間が限られた状況でもすぐに活用できるという、Inferentiaのありがたみを強く感じる結果となりました。

処方箋ポイント

ハードウェアに強くなる
機械学習ならではの悩みとしてこのようなGPUや独自チップといったハードウェア選択の悩みがあります。機械学習モデルをプロダクションで最適化してサービングする上で、ハードウェアの知識は欠かせないでしょう。

処方箋ポイント

新技術を恐れない
機械学習の領域というのはこのようにハードウェア・ソフトウェア両面で日々進化が著しいです。新技術を恐れず、あえて果敢に挑戦することで期待以上の成果を得られる可能性もあります。

7.5　取り組みの結果

7.5.1　プロジェクトを期日通り完遂

　このような努力の甲斐もあり、プロジェクトは無事に期日通り完遂され、サービスは新しい環境で提供開始されました。懸念事項であった推論速度も問題

なく要求水準を満たしており、当初の目的の通り、ユーザーが自由にファインチューニングして推論実行できる環境を無事に提供することができました。

また、今回のプロジェクトで私自身がとてもよかったと思っている点に、1年半以上にわたって大きな障害がなく提供できている（執筆当時）という点があります。これはサービスの健全性という意味でも、運用コストという意味でもとてもいいことだと考えています。あまり人手を割かずに運用できているので、私自身も満足している点です。

こういった運用ができている理由として、先ほど述べたようなアーキテクチャ設計・技術選定の意思決定ができたからということもありますが、実はDevOps・ChatOpsなどを工夫して、簡単な障害であればすぐ復旧できる仕組みを整えているからという理由もあります。監視体制もAmazon CloudWatchで丁寧に整えており、**時間がないプロジェクトでもそういった細やかな部分のケアをしておくと後の運用で効いてくる**というのを強く実感しました。

処方箋ポイント

DevOps・ChatOps・MLOps
本書のテーマである「MLOps」とはなんでしょうか？　私は「DevOps + ML特有の関心事」と捉えています。MLOpsを考えるとき、まずDevOpsはできているのかという観点を忘れないことが重要だと私は思います。まずはミニマムに、既製モデルの推論環境の構築・DevOpsから入り、その後訓練のパイプラインを構築しトレーニングループが回るような仕組みを整えていき、最後にそれらを結合し機械学習パイプライン、MLOpsを整えるという流れがよいでしょう。もちろん取り入れられるところではChatOpsも導入していったほうが、運用は楽になるでしょう。

7.5.2　機械学習パイプラインの定型の獲得

企業によっては「手の内化」と呼んだりもするそうです[5]が、今回のプロジェクトで私自身は機械学習パイプラインの「型」のようなものを獲得することができたと実感しています。

それまでにも機械学習パイプラインの構築はしてきましたが、ここまで大規模ではなく、モデルや要求水準の複雑性などもありませんでした。改めてリア

5　私の好きなトヨタ用語の一つです。

ルタイム推論を行う機械学習サービスの訓練・推論パイプラインにしっかりと取り組み、一つの形として会得できたことは個人的にも組織的にもとても学びが多かったと感じています。

この経験はその後のキャリアにも大きく影響する結果となりました。

7.5.3 その後の課題と対応

しかしながら、課題もいくつか残っていました。とくにコストについては大きな課題となりました。これはユーザーごとにモデルをサービングしている関係で、図7.2のようにとても多くのInferentiaインスタンスを稼働させることになっていたのが原因でした。

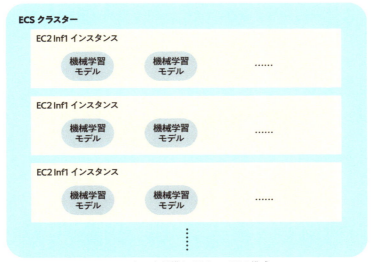

●図7.2　EC2 Inf1インスタンスによる大規模なECS on EC2構成

当時プロジェクトで採用したInf1ファミリーというInferentia搭載インスタンスは、4つのNeuronコアがあり、1台のインスタンスで複数のモデルをサービング可能でした。

ただ、1台に集約すればよいかというと、今度はリクエスト自体が1台に集中してしまい捌ききれなくなるといった問題もあり、そのバランスの難しさもあって結果的に多くのインスタンスを稼働させてサービスを提供していました。

この問題を解決するために、提供開始からちょうど1年後には大規模なアーキテクチャ変更を実施しています。

　具体的な内容は割愛させていただきますが、より効率的に少ない台数のインスタンスで推論を実行できるようにモデルの工夫などを行いました。この変更によりコストの問題も大きく改善することができ、よりスマートなアーキテクチャになったと感じています。

　一方で、それまでに大きなコストがかかってしまったことは否めません。もしプロジェクト開始当初にもっと時間的余裕があれば、最初から現状のようなアーキテクチャを選択することができたのかどうかはわかりません。

　機械学習基盤についてさまざまな経験をしてきたからこそ、現在選択できたアーキテクチャのようにも思うので、当時の自分ではここには至れなかったのではないかな、とも感じます。

7.6　今後の展望

　本章では私が過去に経験した大規模な推論・訓練環境の構築についてお話ししました。

　ここでご紹介したように実際のプロダクション環境で機械学習モデルをサービングしたり機械学習パイプラインを提供したりするということには、ハードウェアの問題やアーキテクチャの複雑性など機械学習ならではの問題がつきまといます。

　私が今回経験したケースのように、ハードウェアの選択一つで劇的に課題を解決しやすくなるケースもありますし、もっと別のところで問題に直面するケースもあるでしょう。

　いずれの場合も、機械学習についてのみではなく、より広範なソフトウェア開発の知識があると、より課題解決をしやすくなると私は考えています。アーキテクチャ設計や技術選定、チームの戦略、パフォーマンスチューニングなど

多くの場面でソフトウェア開発の知見を活かすことができます。

　このプロジェクトで得た知見を活かしながら、今後はLLMの開発・運用の場面でも同様に取り組んでいけたらと考えています。

　ずっと自然言語処理に取り組んできたので、LLMもその延長と捉えてチャレンジしていますが、より重厚長大なモデルを取り扱うという新しいチャレンジができて面白いです。

　どんなモデルも、安定的にサービングされて、ユーザーに使われることで初めて価値を発揮するというのが私の大切にしている考え方です。これからも機械学習の社会実装を進めるために、MLOpsと向き合っていけたらと思います。

8

株式会社ディー・エヌ・エー（GO株式会社出向）　松井健一

事故を減らすための
機械学習モデル適用
の工夫

こんな人におすすめ
品質のよいデータを
莫大なデータから
探さなければいけない
人に

カテゴリ
技術
● 推論システム
● データの品質管理
プロセス
● 機械学習システムの
　開発フローとPoC
● ビジネスの意思決定
　に役立つモニタリング

8.1　はじめに

2023年の交通事故の死者数は2,678人[1]。GO株式会社では、機械学習技術を活用することでこのような悲しい事故を世の中から削減するためのサービス、AIドラレコサービス「DRIVE CHART」を2019年に立ち上げました。本章ではこの事故削減のための機械学習システムを構築する過程で得られた知見についてご紹介します[2]。

8.2節ではGO株式会社と「DRIVE CHART」のサービス概要について、8.3節では事故削減に寄与する機械学習システムを作るにはどのような要件定義が必要かについて、8.4節では高性能な機械学習モデルを構築し効率的に運用するためのポイントをご紹介します。

本章でご紹介する知見はドライブレコーダーを用いたシステムに限らず、非常に大量のデータに対して機械学習モデルを適用しようとしている人や、検出したい事象の発生がレアケースであるような不均衡データに対して機械学習モデルを適用しようとしている人にも有用な知見となるかと思います。

---

[1] 出典：公益財団法人 交通事故総合分析センター https://www.itarda.or.jp/situation_accidents
[2] 本章で説明するシステムの仕組みは、説明の都合上簡略化されている場合があり、実際のサービスで用いられている仕組みとは一部異なる場合があります。

8.2 企業概要：GO株式会社について

　GO株式会社は、「移動で人を幸せに。」をミッションに、タクシーアプリ「GO」をはじめとした日本のモビリティ産業をアップデートするさまざまなITサービスを提供しています。

　GO株式会社が提供するサービスの一つ、AIドラレコサービス「DRIVE CHART」を搭載した法人車両は全国47都道府県で走行し、2024年2月現在、契約車両は7万台[3]となっており、街を縦横無尽に走行するタクシーや営業車、トラックなど、プロの現場で多く採用される交通事故削減支援サービスです。

　「DRIVE CHART」を備えた車両が1カ月間[4]で走行する道路の網羅率は、全国の高速道路（高速自動車国道および自動車専用道路）が96%以上、一般国道が91.0%、主要地方道が80.7%と高いカバー率を誇り、日本全国を搭載車両が走行して大量のデータを処理していることがわかります。

● 図8.1　DRIVE CHART機器本体（外カメラ）と内カメラ[5]

8.3 交通事故削減のための機械学習技術の要件定義

　ドライブレコーダーからは動画データの他に、3軸加速度、3軸角速度やGPSなどの各種センサーデータが取得できます。これらのデータをもとに機械学習技術を用いてどのように事故削減効果を上げられるか、また**現在の機械学習技**

3　『DRIVE CHART』契約車両7万台突破！ https://drive-chart.com/news/pr_240209
4　計測期間：2022年12月17日〜2023年1月16日
5　出典：DRIVE CHART　https://drive-chart.com/

術で何が実現可能かをまず要件定義として検討します。

　事故直前に音を鳴らして回避を促す事故アラートのようなものが、事故削減のためのシステムとして真っ先に思い浮かぶと思います。

　この機能の実現のためには、事故発生の直前にドライバーがその事故を回避するための時間的猶予を確保しつつリアルタイムにアラートを鳴らす必要があります。また、この事故アラートを信頼性の高いアラートシステムとするためには、鳴動したアラートの精度（Precision[6]）が十分高いものである必要があります。

　機械学習技術、とくに教師あり学習を用いた予測モデルを構築してこれを実現しようとすると、事故パターンを網羅した十分な多様性を持つ正解ラベルを十分な数だけ手に入れなくてはなりません。

　しかし、事故が発生するシーンは多種多様であり発生頻度自体もかなり低いため、このようなラベルを作り上げることは困難であり、リアルタイムアラートは実現可能な手法ではないと私たちは判断しました。

　そこで着目したのがハインリッヒの法則という労働災害に関する経験則です。これを交通事故に照らし合わせると、1件の重大事故の背後には、いくつかの軽微な事故があり、さらにその背後には無数のリスク運転行動があると考えられます。

　図8.2の三角形の底辺を小さくしていく、つまりリスク運転行動を減らしていくことで事故の発生を減らしていくことができるのです。これらのリスク運転行動は事故に比べて発生頻度が高く、かつリスク運転行動というものを具体的に一つ一つ定義づけていけば、多種多様なシーンではなく一貫した同様の行動としてまとめることができ、正解ラベルとして利用しやすいものが作れます。

6　このケースでは、事故が発生するとシステムが判断したもののうち、実際に事故が発生した割合。アラートのようなシステムでは誤検知（False Positive）がアラートに多く含まれるとユーザーのアラートの信頼性を損ないアラートシステムを利用してくれなくなる恐れがあるため重要度が高いです。

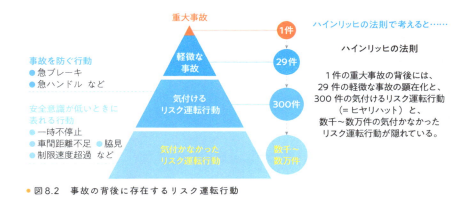

● 図 8.2　事故の背後に存在するリスク運転行動

　私たちは、このリスク運転行動として一時不停止、車間距離不足、脇見、制限速度超過、急減速、急加速、急ハンドル、急後退を採用することにしました。これらの行動は機械学習技術、とくにComputer Vision技術の応用や、センサーデータ解析によって検出しやすい行動であることも選定にあたってのポイントでした。

　一時不停止を例にとり、なぜこれが事故を減らすことに繋がるかを説明します。もし一時停止が必要な場所で停止せずに通過してしまった場合に、ちょうど横切る道から車や自転車が走ってきていたら衝突してしまうでしょう。一時停止が必要な場所できちんと一時停止を行うことで、左右の通行する車などをきちんと確認でき、そのような回避行動を取りつつ運転することで、事故に遭遇することを防げます。

　これで、機械学習モデルが検出すべきターゲットを具体的に選定することができました。

> **処方箋ポイント**
> **機械学習モデルは適切なターゲットの選定が大切**
> 十分な精度を出せる目処があり、その手法で目的を達成できるようにドメイン知識も活かしてターゲットを選定します。

8.4 AIドラレコサービスで使われる機械学習技術とその特徴

　本節では、まずは8.4.1項で「DRIVE CHART」の設計の概要を紹介し、機械学習モデルを高い性能で稼働させるための工夫を8.4.2項で、効率的に運用するためのポイントを8.4.3項でそれぞれご紹介します。

8.4.1 「DRIVE CHART」の設計の概要

　まず、「DRIVE CHART」の設計の概要を紹介します（図8.3）。主な処理は、ドライブレコーダー端末（エッジデバイス）とクラウドサーバーの2箇所で行われています。

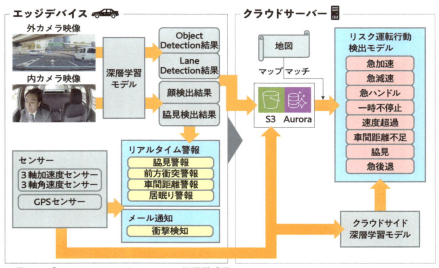

● 図8.3 「DRIVE CHART」のシステム概要構成図

　エッジデバイスには前方の車両などを捉える外カメラ、車内のドライバーを捉える内カメラが接続されており、車内外2種類の動画を一般的なドライブレコーダー同様に常時録画してデバイス内に保存しています。その他、車両の走行状況を捉えるための3軸加速度センサー、3軸角速度センサー、GPSセンサ

ーの3種類のセンサーデータが生成されています。

　エッジデバイス内では複数の深層学習モデルが稼働しています。たとえば外カメラ映像をインプットとしたものとしては前方車両などを捉えるObject Detectionの結果を出力するものが、また内カメラ映像をインプットとしたものとしてはドライバーの映像を解析してその時点での脇見確率を出力するものがあります。

　一部の機能はエッジデバイス内で処理を完結しており、脇見などの行動をエッジデバイスが検知次第、リアルタイム警報として即座にエッジデバイスが鳴動することでドライバーに注意を促します。

　エッジデバイス内で処理された深層学習モデルの出力データと各種センサーデータはクラウドサーバーに送信されS3やAuroraに保存されます。

　クラウドサーバーではマップマッチ処理とクラウドサイドの深層学習モデルの処理が行われます。マップマッチ処理は、GPSセンサーのデータと地図情報をマッチングさせ、該当車両が各時点でどの道路を走行しているかを判定し、制限速度情報や一時停止情報などの道路情報を付与する処理です。

　エッジデバイスでは限られたコンピューターリソースのため複雑なモデルが適用できませんでしたが、クラウドサイドの深層学習モデルではその制限をなくし複雑で高精度なモデルを適用したり、容量の問題でエッジデバイス内には配備できなかった異なる検出モデルを稼働させたりすることができています。

　このようにして収集した各種データや深層学習モデルの結果を統合したデータをもとに、各種リスク運転行動検出モデルを学習させます。運用時にはこのリスク運転行動検出モデルが日ごとドライバーごとに運転傾向を解析し、結果をレポートにして提示することで、日々の自身の運転が安全であるかを振り返ることができます。

8.4.2 高い性能を実現するための工夫

　前述の通り、リスク運転行動を検出するための機械学習技術としては教師あり学習を採用しており、高いPrecision基準を設けてモデルの構築を行っています。

精度を高く保つため、一つのリスク運転行動の検知の中でも複数の予測モデルを作成し、それらを組み合わせたスタッキングモデルを構築するなどの工夫を適用しています。ここでは「急後退」というリスク運転行動の検知ロジックを例に紹介します。

8.4.2.1 急後退を例にとった高性能実現の工夫

急後退とは、車両の後退動作のうち周辺状況の安全確認が不十分な状態で後退し始める運転行動のことを指し、具体的には前進停止から後退開始までの時間が1秒未満と短い間隔で後退開始をする挙動のことと「DRIVE CHART」では定義しています。このような場合、車両が後退する先に人や自転車が差し掛かった場合にそれを見逃してしまい衝突してしまう危険性があります。一般的に前後左右を確認してから安全に後退するには3秒は必要と言われています。

この急後退検出モデルでの工夫は、データ量とロジックの複雑さのバランスを取った3段階の推論ロジックを用いていることです（表8.1）。**扱うデータ量が非常に多いため、段階を追うごとに徐々に扱うデータの範囲を狭めながら、弱いロジックから強いロジックを適用しています。**

段階	処理概要	扱うデータ範囲	1単位のデータサイズ	使用コンピュータリソース	精度
1段階目	機械学習を用いない進行方向判定	大	小	小	低
2段階目	センサーデータを用いた機械学習による後退判定	中	中	中	中
3段階目	動画をインプットにした深層学習モデルによる急後退判定	小	大	大	高

● 表8.1　各推論段階におけるモデルの特徴の比較

まずは概要を説明します。1段階目の「機械学習を用いない進行方向判定」ではすべてのデータを処理する必要があり、扱うデータ量が多いため、利用するデータ種別を制限し、かつ機械学習モデルを利用せずにシンプルなロジック

で現実的に処理できる大きさを対象とします。

2段階目の「センサーデータを用いた機械学習による後退判定」ではある程度データ範囲が絞れているので、各種センサーデータや地図情報を追加して適用し、機械学習を用いて後退候補データをさらに絞り込みます。しかしここでは後退の判定にとどまり、まだ急な後退は抽出していません。

3段階目の「動画をインプットにした深層学習モデルによる急後退判定」では候補となるデータがかなり絞り込まれているため、動画という大きなデータサイズのリソースの利用が可能となり、深層学習を用いた規模の大きい処理で精緻に解析を行うことで急後退を精度よく検出します。

各段階でどのようなデータを用いているかを表8.2に示しました。1単位のデータサイズ大には動画が含まれるためかなり大きなデータです。小、中の段階では動画を用いず、急後退をしていないと思われるデータをなるべく多くふるい落としています。

1単位のデータサイズ	含まれる主なデータ
小	GPSの緯度経度、ジャイロセンサーの角速度
中	GPS、加速度センサー、ジャイロセンサーから作ったさまざまな特徴量
大	動画データ

● 表8.2　各段階で利用するデータの内容

各段階での処理の詳細について紹介します。

1段階目：機械学習を用いない進行方向判定

1段階目の判定ロジックは、全走行データが対象範囲になり大量のデータを処理する必要があるため、ここでは軽いロジックで後退の可能性がある箇所を抽出することが求められます。

GPSから算出される速度は2地点間の距離とそれに要した時間から算出された進行方向情報のない速度なので、前進しているか後退しているかわかりません。そこで、GPSの走行軌跡から算出される車両進行方向の方位角と、角速度

センサーから得られる現在の相対的な向きの2つの情報から、前進しているか後退しているかを判定し、後退していると判定されるところはGPS速度に-1をかけて後退を表します。

通常車両が直進している時はGPS方位角と角速度センサーから得られる現在の進行方向は同じ向きを指しますが、後退があったときには方向のずれが生じます。このずれを利用して後退の判定をしています。

この方式は精度は粗いですが、少ない計算量で急後退が発生していそうな箇所をスクリーニングすることができます。

2段階目：センサーデータを用いた機械学習による後退判定

次に、各種センサーデータから特徴量を作成し、**機械学習モデルを用いてさらに精度を向上させて後退候補を絞り込みます。**

1段階目ではGPSと角速度センサーという2種のデータのみを使用しましたが、2段階目では加速度センサーや地図の情報などを追加したデータから、さまざまなwindow[7]における集約特徴量を作成し、それをモデルのインプットにします。

動画をアノテーションすることで、動画に後退が含まれるか否かの二値の正解ラベルを作成します。これらを用いてモデルの訓練を行います。今回はLightGBMのモデルを用いて予測モデルを構築しています。

この段階で後退判定モデルとしては十分な精度で後退を検出できるようになります。しかし、本当に検出したいのは危険な可能性のある急な後退です。これを検出するためにはさらに動画のデータを用いて精緻に運転挙動を解析する必要があります。これは次の3段階目で実施します。

3段階目：動画をインプットにした深層学習モデルによる急後退判定

本サービスでの急後退の定義は、前進停止から後退開始までの時間（スイッチバック時間）が1秒未満であることです。利用しているGPSデータの時間的な粒度が細かくないことや、GPSの性質上停止状態の位置測定にノイズが乗り

7　機械学習におけるwindowとは、一定数の連続データポイントを集約して特徴量を抽出する枠のことです。時系列データに対してこの枠をスライドさせながら、各位置での枠の範囲のデータを用いて統計値を計算し、時系列の特性を捉えます。

やすいという精度的な課題があり、GPSのみでは精緻なスイッチバック時間を算出することが困難でした。

一方、動画は十分なfpsを持つ時間的粒度が細かいデータとなっているため、この用途では有効と考えました。ドライブレコーダーの外カメラの走行動画は景色が流れていきますが、その流れる量を深層学習モデルで捉えることで、動画から直接車速を推定する深層学習モデルを構築しています。この3段階目で動画という情報量の多いデータに対して複雑なモデルを適用し、最終的に手に入れたい結果を得ることができます。

前進中に停止している時点、停止中から後退開始をしている時点を検知し、その間の時間を計測することで、スイッチバック時間の短い急後退が発生していることを判定します。

以上の段階を踏んで処理を行うことで、十分な精度の急後退イベントを検知することができるようになりました。

処方箋ポイント

データ量に合わせたモデルを適用して効率化
大量のデータを扱うにはシンプルで軽いモデル、絞り込んだ後の少量のデータに対して複雑なモデルを適用し、それらを多段で適用することでコストを効率化します。

8.4.3 効率的な運用のためのポイント

内・外カメラから得られる動画は「DRIVE CHART」の主要なデータソースの一つです。動画には非常に多くの情報が詰まっており、事故削減に活用できる要素が多々含まれていますが、その反面データサイズが非常に大きいため、費用対効果を考えた効率的な活用方法が求められます。

効率を考えるポイントとしては、エッジデバイスからクラウドサーバーにアップロードする通信量の観点、動画自体を処理する計算処理量の観点があります。

また、教師あり学習の観点からは動画データそのものは事故やリスク行動に関する情報が明示的に含まれないunlabeledデータとなるため、アノテーション

を施して初めて活用できるようになるシーンも多く、効率的なアノテーションのための工夫も求められます。計算量の観点については前項でも触れたため、本項では通信量とアノテーションの観点でのポイントについて解説します。

8.4.3.1 動画アップロード通信量に関する工夫

加速度、角速度、GPSなどのセンサーデータは動画に比べてデータサイズが小さいため、全走行に対してデータをクラウドサーバーにアップロードしている一方、動画については必要とされた場合のみアップロードする仕組みとしています。動画をアップロードして利用しているシーンはモデルの訓練と運用に大別されます。以下で個別に詳細を見ていきます。

運用時に動画がアップロードされるシーン

サービス運用の中では、❶動画を用いてリスク運転行動を検知する場合、❷リスク運転行動が発生した際にドライバーに動画を提供する場合、の主に2つのケースで動画が使われています（図8.4）。これらのケースでは本番環境のデ

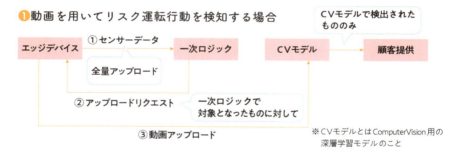

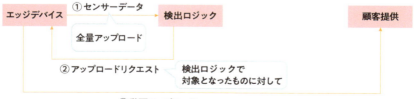

● 図8.4 動画アップロードリクエストのタイミングの概要

ータパイプラインの中で自動的にエッジデバイスからクラウドサーバーへの動画のアップロードが行われる仕組みとしています。それぞれ詳細に見ていきます。

❶動画を用いてリスク運転行動を検知する場合

センサーデータに加えて動画をインプットとして予測モデルを実行する場合がこれにあたります。急加速のようなシンプルなリスク検出処理ではセンサーデータのみで検出を行いますが、先ほど例に挙げた急後退のように**複雑なロジックでは動画をインプットとして利用することで精度を向上させています。**

リスク検出モデルの推論実行で動画が利用される箇所は2箇所あり、一つはエッジデバイス内での推論処理、もう一つはクラウドサーバー上での推論処理です。実行箇所ごとの処理のメリット・デメリットを表8.3にまとめています。それぞれにメリットとデメリットがあるため、リスク検出機能ごとの特性に応じてどちらか、もしくはその両方を用いています。クラウドサーバーでの動画処理が必要と判断した場合のみ、エッジデバイスから動画データをクラウドサーバーにアップロードして処理するようにしています。

実行箇所	メリット	デメリット
エッジデバイス	リアルタイム推論が可能 動画をクラウドサーバーにアップロードしなくてよいのでコストが低い	限られたコンピュータリソースで深層学習モデルを稼働させるため、量子化などのモデル軽量化の工夫が必要
クラウドサーバー	エッジデバイスに比べ、コンピュータリソースが潤沢であるため、より大きな複雑なモデルが扱える	エッジデバイスからクラウドサーバーにデータを転送した後に処理が走るため、リアルタイムに処理できるエッジデバイスに比べて時間を要する 動画をアップロードする通信コストと保存するストレージコストがかかる

● 表8.3　動画をインプットとした深層学習モデルの実行箇所ごとのメリット・デメリット

❷リスク運転行動が発生した際にドライバーに動画を提供する場合

モデルの推論に動画をインプットとして利用していない場合でも、リスク運

転があると判定された場合は当該リスク運転が発生している動画をユーザーに閲覧してもらうために動画をクラウドサーバーへアップロードしています。実際にリスク運転をしている状況を動画で確認してもらうことで実状の認識を促し、危険な運転を減らす効果があります。

モデルの訓練で動画が使われるシーン

　モデルの訓練にて動画が使われるシーンでは、データサイエンティストが必要な動画を選定し、API経由でエッジデバイスに動画アップロードリクエストを送信して、動画の取得を行っています。機械学習モデル構築の用途では訓練データに利用する場合と、構築したモデルの評価に利用する場合があります。それぞれ意識するポイントが異なるため、以下で解説します。

❶訓練データの作成

　Computer Vision系の深層学習モデルの訓練を行うためには教師データとして動画そのものを利用するため、動画をクラウドサーバーにアップロードしています。動画自体はunlabeledデータであるため、アノテーションをして訓練に利用しています。

　また、アノテーションの種類は目的とするリスク運転行動に応じて異なり、動画全体に一つのラベルをつけるケースもあれば、動画の各時点に対してラベルをつけることもあります。後者の方法だと手間は非常にかかりますが、目的の行動が動画のどの時点で発生しているかという詳細な状況をラベルから読み取ることができます。

❷評価データの作成

　モデルの訓練に利用したデータとは別にデータセットを構築し、モデルの評価用データセットとするケースが一般的です。この評価用データセットのためにも動画の収集が必要です。

　評価用データセットと実際に運用の中で流れてくるデータの分布が異なる場合、評価した際の精度と運用時の精度が異なる結果が出てしまうことがあります。このような場合、評価用データセットにバイアスが生じてしまっていることが原因かもしれません。バイアスが生じないように評価用データセットを収

集すること、もしくはそのバイアスを理解して対処することは非常に大事な事項です。

この点に注意して評価用データセットを設計し、API経由でエッジデバイスに動画のアップロードリクエストを出し、クラウドサーバーにアップロードさせるようにします。

また、「DRIVE CHART」で利用するデータの正解ラベルはレアデータとなっているため、正解データをどのように集めるかなどレアデータの扱いにも工夫が必要です。レアイベントの取り扱いについては次項で取り扱います。

8.4.4 レアイベントの取り扱いの工夫

基本的にリスク運転行動の数は、エッジデバイスから得られるデータ全体に対して非常に少なくレアな事象です（毎秒、脇見や急な減速をしていてはきちんとした運転ができませんので、レア事象であること自体はよいことではあります）。

一般的に訓練データや評価データは実際に運用で流れているデータからランダムにサンプリングすることで、実用時に近い精度評価を行うことができます。

しかしながら、レアな事象に対してランダムサンプリングでデータを取得しようとすると、ほとんどが負例で正例がなかなか集まらず、十分な正例を集めようとするとデータが大量になりアノテーションに膨大な工数がかかる、といった課題があります。

そのため、ランダムサンプリングで入手したデータより対象とする事象が出現する確率が高くなるようにサンプリングをする方法として一次フィルタを設計して適用するという工夫を取り入れています。一次フィルタの設計は対象により異なりますが、ここでは脇見を対象として説明します。

8.4.4.1 脇見検知におけるレアイベントの取り扱い

脇見は前方車両の急停止のような車両周辺で発生している危険な事象に気付くのが遅れ、事故を誘発してしまう危険性のあるリスク運転行動です。「DRIVE CHART」では内カメラ映像の各フレームをインプットとして、各時点の脇見の確率を出力するようなCNNとRNNを組み合わせた深層学習モデルを構築し

ています。動画全体に適用することで、動画全体の脇見確率の推移を表す時系列データが得られます（図8.5）。

● 図8.5　脇見検出の深層学習モデル概要

　このような脇見イベントで正解データを収集しようとした場合、前述の通りランダムサンプリングでは正例の数を十分集めることが難しいです。そこで、すでに本番稼働している脇見検出モデル（旧モデル）がある状態でその改善を行い新しいモデル（新モデル）を作成する場合に関して、この旧モデルを活用してサンプリングのフィルタを作る手法を紹介します。

　脇見イベントの検出は、脇見確率の時系列データに閾値を設け、一定期間閾値を超え続けた場合に検出します。この閾値を緩めて検出を行う（図8.6）ことで、今までは検出していなかった箇所のデータを入手してラベル付けをすることができます。つまり図8.7において、(②/④) > (⑤/⑥) となるようにデータをフィルタリングすることができるのであれば、ランダムサンプリングよりも効率的に正例を入手することができると言えます。

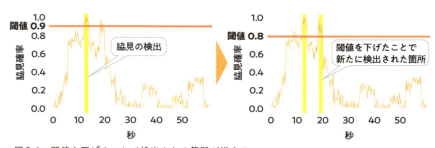

● 図8.6　閾値を下げることで検出される箇所が増える

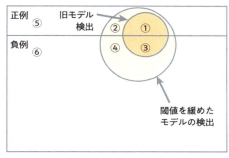

① 旧モデル、閾値を緩めたモデルの両モデルで検出され、実際にターゲットの事象が発生しているもの
② 閾値を緩めたモデルのみで検出され、実際にターゲットの事象が発生しているもの
③ 旧モデル、閾値を緩めたモデルの両モデルで検出され、ターゲットの事象が発生していないもの
④ 閾値を緩めたモデルのみで検出され、ターゲットの事象が発生していないもの
⑤ 新旧どちらのモデルでも検出されないが、実際にターゲットの事象が発生しているもの
⑥ 新旧どちらのモデルでも検出されず、ターゲットの事象が発生していないもの

● 図8.7　新旧モデルでの検出差分

　このやり方で新しく入手するデータは、脇見確率が十分高くはならなかったものの、ある程度の脇見確率を持つものとなるため、正例が含まれる割合が高いことが期待されます。
　また、脇見確率が高すぎず、低すぎないデータは既存の脇見検出モデルがある程度の確信を持っているものの十分確信を持って判断できていないものとなるため、訓練に使う意義が高いものと考えることができます。

　このように新しくデータを収集した際のモデルの最終評価には、データの収集方法において工夫すべき点があります。
　すでに収集されたデータというのは古い学習済みモデルをもとに閾値を緩めることによって作成されたフィルタを通したバイアスのあるデータです。今回新しく訓練したモデルで初めて検出できるようになったデータ、つまり図8.8の①と④に該当するデータの比率が、実サービス上で流れてくるデータでは既存データセットよりも高い可能性があり、既存データセットで性能評価をすると実際にモデルをデプロイしたときと同じ精度とならない恐れがあります。

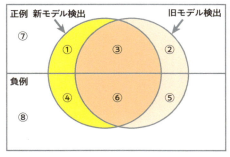

● 図 8.8　新旧モデルでの検出差分

　そのため、実用で気にすることの多い検出数、Precisionなどは新たにランダムサンプリングを行いテストデータセットを作り評価を行うことで、実稼働時の性能を正しく見積もることができます。

　しかし、ランダムサンプリングによるアノテーションで十分な正例を集めることはコストが高いというデメリットがあるため、より効率的な評価方法を考えます。脇見検出におけるPrecisionの計算式は[脇見検出モデルが検出したもののうち正しく脇見をしていた数] ÷ [脇見検出モデルが検出した数]です。この式をよく見ると、新モデルで検出された結果のみを確認すればPrecisionの計算ができることがわかります。新モデルで検出される対象は新しく入手したランダムサンプルデータの中の一部に過ぎないため、その部分に注目してアノテーションを行うことでコストを増大させずに済ませることができます。

　Recallに関しても効率的な評価方法を考えます。レアイベントに対して直接観測することは非常に手間がかかりますが、モデルの改善前後で世の中における実際の脇見発生率が変化していないという前提を置くことができれば、検出数 × Precisionを見ることで検出数の増減があるかを判断するには十分です。脇見検出におけるRecallとは、[脇見検出モデルで正しく検知できた回数] ÷ [本当に脇見をしている回数]です。分母にあたる[本当に脇見をしている回数]をレアイベントで測定することは非常に時間がかかります。たとえば1日8時間

運転する車の[本当に脇見をしている回数]をカウントするには8時間すべての動画を人が目で見て確認しなければなりません。さらに対象が何万台となればすべて目で確認することは現実的ではありません。上述の前提を置くことで、モデルの変更前後で[本当に脇見をしている回数]は一定であるという仮定を置くと、**分子の[脇見検出モデルで正しく検知できた回数]のみでRecallの変化量を捉えることができ、これは数が少ないので省力化しての確認を行うことができます。**

処方箋ポイント

レアイベントの評価は実運用を意識した評価が大事
モデルを更新する場合は実運用を意識してランダムサンプリングを用いて本番適用後に近い結果で評価を行います。その際、レアイベントに対してPrecisionに注目して評価する場合、モデルが抽出した結果のみに着目して計算が可能なため、アノテーション対象を減らしコストを削減して評価を行えます。

8.5 まとめ

本章では、「DRIVE CHART」を題材に交通事故削減支援サービスにおける機械学習技術の要件定義や効率的なモデル構築方法についてご紹介しました。大量のデータが得られているからこそ課題となるデータの入手方法や、目的とする事象がレア事象であった場合の対処の仕方などについて、本サービスの構築を通じた経験をもとにポイントを紹介させていただきました。本章が機械学習技術をサービスに適用しようとされているみなさまのお役に立てれば幸いです。

9

アマゾン ウェブ サービス ジャパン合同会社　久保隆宏

機械学習プロジェクトの失敗確率80%を克服するプラクティス

こんな人におすすめ
機械学習を用いた
新規企画を行わなけれ
ばいけない人に

カテゴリ
プロセス
● 多様な利害関係者と
の協業

9.1　はじめに

　MLOpsというと機械学習モデルを継続的に更新するためのインフラを思い浮かべると思います。たとえば、KubeflowやMLflow、AWSだとAmazon SageMakerなどです。

　しかし、**DevOpsが単にツールでなく文化やプラクティスを含むように、MLOpsもプロダクトに機械学習を活かす文化やそれを醸成するための具体的なプロセスを内包します。**

　機械学習プロジェクトの約80%は失敗すると言われていますが[1]、不明瞭なビジネスゴールや組織間の連携不足といった「インフラではないMLOps」の不備が上位の理由に挙げられています。本章では、機械学習をプロダクトに活用するチームを組成するためのベストプラクティスとして、AWSがGitHub上で無料で公開しているML Enablement Workshop[2]を紹介します。

　このワークショップは機械学習の活用に課題を持つお客様の声から生まれ、執筆時点で事前の期待値コントロールやスコープ定義を行うDay0実施後、3部構成のワークショップを実施する形式になっています。参加したお客様のフィードバックから継続的に改善されており、構成や内容は逐次変化しています。フィードバックには当然ながら耳の痛い内容もあり、そこに真摯に向き合い改善してきたことが本章の内容を教科書的で退屈なものではなく血の通った「プラクティス」にしています。

1　https://research.aimultiple.com/ai-fail/
2　https://github.com/aws-samples/aws-ml-enablement-workshop

本章では機械学習、近年では生成AIの活用を考えるプロダクトマネージャーや、研究したモデルのプロダクトへの導入を目指すデータサイエンティストに向けて本ワークショップの内容と実践方法をお伝えします。

9.2　7割以上が効果を実感できないデータサイエンス

データサイエンスを実際の製品、プロダクトに取り入れても効果を実感できない事象はよく観測されます。「DX白書2023」[3]によれば、データ利活用による売上増加の効果について、米国ではすべての領域で6~7割が効果が得られたと回答している一方、日本では1~3割と最大7倍の差があります。この傾向は2021年と大きく変わっていません。

効果が出ない理由の一つとして、人材の不足が挙げられます。

データサイエンティストの不足は第一に挙げられますが、データサイエンス教育が高校の情報や数学の授業で扱われるなど徐々に裾野を広げています。世界的なデータサイエンティストのコミュニティであるKaggleで活躍する日本人は多く、2021年ではTop1000に入るユーザー数は日本が最多になっています[4]。

一方で、IPAの「デジタル時代のスキル変革等に関する調査（2022年度）」[5]を参照すると、データサイエンスを含む先端技術領域の知識を身に着けても活かす機会が現在ない、分からない、が合わせて53%あり、学びが評価に繋がらないことが継続学習の障壁になると2割以上が回答しています。

データサイエンスの「活用の機会」を創れる人材も不足しており、改善には時間がかかる見通しです。「DX白書2023」を参照すると、データの利活用にあたりサービスを企画できる人材、業務に活かせる従業員が20%前後で米国に比べ50ポイント近い差があることがわかります。

さらに、データの活用により変革を生むリーダーに求めるマインドセットも、

3 https://www.ipa.go.jp/publish/wp-dx/dx-2023.html
4 https://www.kaggle.com/code/hdsk38/top-1000-users-in-2021-by-country-and-more
5 https://www.ipa.go.jp/jinzai/chousa/ps6vr7000000z6cc-att/skill-henkaku2022-zentai.pdf

日本と米国で大きく異なります。「DX白書2021」[6]では日米の人材像を比較しており、新しい技術で価値を創出するためのテクノロジーリテラシーや業績志向、顧客志向は日本では上位3項目に入っておらず、コミュニケーション能力や実行力、リーダーシップが優先されています（図9.1）。

　求められるスキルの認識が変わり人材の募集要件や報酬体系に反映され、実際の採用に至るまでには時間がかかります。

●図9.1　日米の変革をリードするリーダーに求めるマインドセットの差異

　以上のデータから、日本ではデータサイエンスの活用により得られる売上増加の効果が1〜3割程度と米国に比べ最大7倍の差があり、データサイエンスの知識がある人材は増えてきているものの活用機会を作れる人材がいる企業は2割程度に留まり、改善には時間を要すると言えます。

　この状態が続くとどうなるのでしょうか。経済産業省は2018年に「DXレポート」[7]で「2025年の崖」を提唱しており、2025年までにDXが実現できなければ最大年12兆円の損失が発生すると試算しています。DXとデータサイエンスは無縁ではありません。損失のうち幾分かは、本課題に起因しているでしょう。本書を手に取っている方にとって、2025年は目前か超えてしまっており、損失は現在進行形で発生しているかもしれません。

6　https://www.ipa.go.jp/publish/wp-dx/dx-2021.html, 2023.
7　https://www.meti.go.jp/shingikai/mono_info_service/digital_transformation/pdf/20180907_01.pdf, 2018.

9.3 機械学習をプロダクトの成長に繋げる4つのポイント

これまでデータサイエンスの活用機会を創れる人材の不足に起因する経済損失についてお話ししました。ここからは、社内の人材連携を促しデータサイエンスの活用機会を創出する方法として、AWSが公開している ML Enablement Workshop をご紹介します。2022年から公開しさまざまな会社で活用いただいており、公開許可を頂いた事例を GitHub でも掲載しています。

ML Enablement Workshop は、データサイエンスの活用の中でも「プロダクトでの機械学習活用」に焦点を絞り導入効果の最大化を目的としています。事前の期待値調整を行う Day0 と全3部のプログラムとなっており、資料はすべて GitHub で公開しています[8]。プロダクトマネージャー、開発者、データサイエンティストと異なる職種の方に参加いただきユースケースの発見と検証を行い、実現に向けた1〜3カ月の計画をアウトプットします。

本節では、ML Enablement Workshop がどのようにプロダクトでの機械学習の活用機会を創出するのか、4つのフェーズに沿って紹介したいと思います。

❶ Day0：必要な参加者を集め役割を伝える
❷ 理解編：成功事例からスタートする
❸ 応用編：実在する顧客への提案をシミュレーションする
❹ 開始編：段階的に成果と学びを得るマイルストーンを設計する

9.3.1 Day0：必要な参加者を集め役割を伝える

ML Enablement Workshop では、ワークショップ参加者へ事前に期待する役割をお伝えする「Day0」というフェーズを設けています。

ML Enablement Workshop の参加者にはいずれも役割があります。参加者はプロダクトマネージャー、開発者、データサイエンティストで、経営層による実施の合意を必須にしています。プロダクトマネージャーは比較的新しい職種のためぴったり当てはまる方がいることが少ないですが、プロダクトの成功に責任を持ち、ロードマップの策定や機能実装の決定権限がある方を想定しています。開発者はプロダクトのアーキテクチャ、また開発チームメンバーのスキルやリソー

---

8 https://github.com/aws-samples/aws-ml-enablement-workshop

スの空き状況を把握している方、データサイエンティストは機械学習や生成AIについて知見を持ち実現可能性を判断できる方を想定しています。

　過去にデータサイエンティストと開発者のみで実施したとき、ワークショップの満足度が5段階中3点台というAWSではあまり見ない低い評価をいただいたことがあります。理由は、検討している内容が実際にプロダクトで意味があるものなのか自分たちで判断できず空中戦になってしまったからと回答いただきました。こうした経験も踏まえ3つの異なる職種の方の参加を必須にしています。

　経営層の方には、ワークショップでアウトプットする1～3カ月の行動計画が中断されないようコントロールを依頼しています。AWSが以前<mark>複数の会社のCTOへヒアリングしたところ、先3カ月以内に優先度の高い緊急のタスクが入ることが多いことがわかっています。</mark>そのため、3カ月以内に一定の成果を上げる代わりに期間中の優先度は維持してもらうよう立てつけています。

　経営層から重要な取り組みであると意識づけがあることは、参加メンバーのモチベーションを高める上でも大きな効果があります。「プロダクトマネージャー」や「経営層」はとくに会社によって担当している業務が異なることが多いため、事前に役割をお伝えすることで期待値を揃えるとともに、適切な担当の方を選任・追加いただくことをお願いしています。

　Day0はワークショップ作成当初にはなかったフェーズです。参加者の方からワークショップで何をしたらいいかわからず不安があるという声をいただいたり、想定した役割を実施いただけないケースが見られたりしたことからこのフェーズを設けるようにしました。

> **処方箋ポイント**
>
> **意思決定権、実装能力、リソースの確保権限がある関係者でチームを組成する**
> 機械学習の活用プロジェクトでは、実装の可否を技術面、リソース面で判断できる開発者とデータサイエンティストに加え、プロダクト体験の向上に責任を持つプロダクトマネージャーが必要です。それだけでなく、活動のためのリソースを確保し維持する権限を持つ経営層の理解と協力が不可欠です。

9.3.2　理解編：成功事例からスタートする

　ML Enablement Workshop最初のパートは「理解編」となります。本パートでは、先行他社の成功事例などを参考に図9.2のようなデータ活用を通じ①顧客体験の改善、②利益に代表されるビジネス指標の改善、③モデルの改善、が継続的に成長するサイクルを設計します。事例はデータサイエンティストの方に選んでいただき、サイクルが成立しているかどうかのチェックにはビジネスモデルキャンバスを使用します。

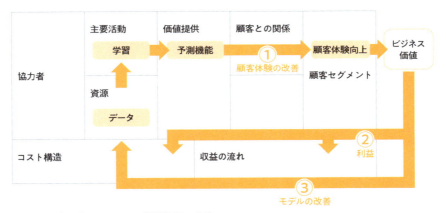

● 図9.2　プロダクトにおける機械学習の成長サイクル

　ビジネスモデルキャンバスは、「ビジネスモデルとして成立するか？」を確認するのに有用です。ビジネスモデルの立て方に不案内である場合、参考書籍を紹介しています[9,10]。

　「先行他社の成功事例などを参考」にするのは理由があります。当初はワークショップ中にユースケースの発案をしていましたが、アイデアの粒度が大きすぎたり収益性があるか微妙なアイデアに留まり、時間をかけた割にアウトプッ

9　今枝　昌宏『ビジネスモデルの教科書：経営戦略を見る目と考える力を養う』東洋経済新報社，2014．
10　及川　卓也ほか『プロダクトマネジメントのすべて　事業戦略・IT開発・UXデザイン・マーケティングからチーム・組織運営まで』翔泳社，2021．

トの品質が期待値を超えないケースがありました。そのため、同業他社や目標としている企業で実績がある事例をベースにしていただくことで一定の妥当性を担保するようにしました。

データサイエンティストの方が事前にプロダクトの課題や競合他社について把握していない場合、プロダクトマネージャーと一度打ち合わせて選ぶべき事例について議論するよう促しています。

ファシリテーターは、事前に参加者が所属する企業の決算説明資料や有価証券報告書から課題を推測し、ワークショップの冒頭で提示します。これにより、経営課題、プロダクト課題、参考事例、の3つ組がきちんと繋がるようにしています。

処方箋ポイント

事例からユースケースを考える
ワークショップの短い時間で思いついたアイデアが的を射ている可能性は低いため、事前に自業界の先進的企業や競合他社の事例を調査し、事例をもとに検討することでユースケースの確度を高めることができます。

9.3.3 応用編：実在する顧客への提案をシミュレーションする

2つ目の「応用編」では、顧客の体験を確認します。具体的には、顧客への価値提案をシミュレーションすることで課題を洗い出します。

具体的には、顧客の視点から提案を採択する必然性があるかを検証します。図9.3のように、参加者それぞれに顧客役や提案役になっていただき進めます。書記役はファシリテーターが担当します。

シミュレーションを実施するにあたっては、実在の顧客を1社挙げていただき（BtoCの場合は具体的なペルソナ）、そのお客様に試用を提案する設定で行います。具体的なお客様名があることで現実的に返されそうなフィードバックが想起されるとともに、ワークショップ終了後、実際に提案するときの下準備になります。

●図9.3　価値提案のシミュレーションにおける役割分担

　応用編は作成当初に比べワークショップの内容が大きく変わったパートです。当初はEvent Storming[11]と呼ばれるソフトウェア設計の手法を使用していました。ユーザーの体験とソフトウェアの実装を両方議論できる便利な手法だったのですが、使用するポストイットやその並べ方など覚えないといけないことが多く本質的な議論に集中できない状況が見られたため、手法を切り替えました。

　結果として、一番評価が低迷したパートから「ワークショップ全体を通じもっとも刺激的で学びがあったパート」と評価いただけるまでになりました。最終的に出したいアウトプットに対し、短時間かつ内容が平易であるよう調整されてきているのも本ワークショップ全体の特徴と言えます。

　プロダクト開発チームがカスタマージャーニーマップなどをすでに作成している場合、事前にファシリテーターへ共有いただいています。機械学習、生成AIが肝になるプロセスに論点を絞るために役立つからです。

　一方で、顧客体験の可視化の手法に不慣れであったり、知識として知ってはいても作成したことがないこともあります。その際は、参考書籍[12]を提示し、実践として事前に書き起こしてもらうよう依頼しています。

11 https://leanpub.com/introducing_eventstorming
12 Jeff Patton『ユーザーストーリーマッピング』オライリージャパン

> **処方箋ポイント**
>
> **実在する顧客の目線でユースケースを検証する**
> 顧客が求めるものを作らなければ、と頭ではわかっていてもついこちらの期待通り動いてくれる都合のよい顧客を前提にしがちです。「実在する顧客」を設定し提案をシミュレーションすることで実態に即したフィードバックを事前に得ることができます。

9.3.4 開始編：段階的に成果と学びを得るマイルストーンを設計する

最後の開始編では、理解編で設計した成長サイクル実現に向け段階的に成果と学びが得られるマイルストーンを設定します。計画は1～3カ月の範囲にフォーカスし、ワークショップ翌日から動けるようにしています。

3カ月以内としているのは、前述のCTOの優先順位が3カ月以内には変わってしまうことが多いことに由来します。この間に実績が出せるかは実装の継続性に影響します。

マイルストーンは成長サイクル達成に向けての到達地点であり、端的には

❶顧客体験の改善ができているか確認すること
❷利益に代表されるビジネス指標の改善を確認すること
❸（取得したデータを用いた）モデルにより顧客体験が改善できることを確認すること

の3点になります。必要に応じ3つより細かく分割することもあります。

初期のマイルストーンで顧客の体験やビジネス指標の改善を検証しておくことが重要です。というのも、ワークショップで検討したユースケースが思ったより効果が出ない事態はよくあることだからです。モデルの開発には一定のコストや時間がかかりますから、先に行うのは得策ではありません。推薦のユースケースを考えているのであれば、まず手でメールを書いて送ってみれば送らないよりは体験の改善ができ、反応してくれる人の数や属性なども学べます。小さなコストで得られる成果と学びをもとに、より大きな成果と学びが得られるのがよいマイルストーンです（**図9.4**）。

よい例
- どのマイルストーンでも目標指標が改善される
- 目標と実際のギャップを計測・分析することで、次のマイルストーンへ正確に到達できる確率を上げる
- 顧客体験やビジネス指標の改善など、高いリスクを早めに検証し修正する

よくない例
- 目標指標が改善されないマイルストーンがある（モデルを作るなど）
- 各マイルストーンでデータをとらない、あるいはデータに基づかない行動をとってしまう
- 高いリスクが最後に残る

･････ 計画
──── 実績

● 図9.4　マイルストーンの考え方

　開始編に相当する内容は当初ワークショップの外で実施していました。すると、ワークショップのときに集まったプロダクトマネージャー、開発者、データサイエンティストが解散してしまい招集されない事態が発生しました。そのため、ワークショップ内で終了後の行動計画と定期ミーティング、経営層への報告タイミングをすべて決めていただくよう修正しました。

　また、当初は組織カルチャーのシフトなど長期で取り組む施策についても触れていました。ただ、まずは1～3カ月で軌道に乗らないと絵空事になってしまうため扱う計画のスコープを意図的に絞っています。

> **処方箋ポイント**
>
> **1～3カ月以内に確実に成果と学びが得られるマイルストーンを設計する**
> 役立つかわからない機械学習モデルが実装されているより、人力でもよいのでユースケースが実現したとき顧客体験やビジネス指標の改善が検証され成長サイクル実現の確信度が上がっていることが重要です。

　4つのフェーズは最初からあったわけではなく、いただくフィードバックから改善を繰り返すことで生まれました。
　ML Enablement Workshopの運営チームでは以下の3ステップで改善を進めています。

❶現状の体験を可視化し問題点を挙げる

❷問題の分類と優先順位付けを行う
❸解決策を検討し、反映した新しい体験を可視化する

　最初の大きな改善では、当時ワークショップで使用していたEvent Storming
を実際に自分たちで使い、難しさの体感と解決策の検討を同時に進めました。
細かいところでは、アイスブレークの方法も改善をしています。というのも、
ワークショップ参加者は普段の業務で接点がなくお互いをよく知らない場合も
あるからです。加えて、それぞれの保有している知識はビジネス、開発、デー
タサイエンスと特化しており伝えたいニュアンスが伝わらないことが容易に起
こります。円滑なコミュニケーションを促すために、アイスブレークはなくて
はならないパートです。実際に自分たちで試して盛り上がるかどうかも検証し
ています。

9.4　ML Enablement Workshopの成果と発展

　ML Enablement Workshopの最初のバージョンではアンケートの評価が5段
階中3になったり（AWSでは悪い意味で珍しい）、厳しいフィードバックもいた
だきました。4つのフェーズとなった執筆時点最新のバージョン1.1.0ではアンケー
ト評価が3.83から4.7、ワークショップ終了後検討を続ける意欲が3.67から4.8
と大幅に改善し、お客様からのフィードバックもよく手ごたえを感じています。

　ワークショップの内容が充実する一方、提供に10時間程度かかり、提供者に
も受講者にも負担が大きくなる課題が出てきています。
　そのため、ワークショップの内容を厳選の上、各パート10〜40分程度のモジ
ュールを結合した構成にすることを検討しています。これにより必要なパート
だけ普段の1時間のミーティングで実施する、あるいは今月の定例ミーティン
グの30分はワークショップに割り当て少しずつ実行する、といった形で行える
ようになります。
　本書が出版されるころにはバージョン2として公開されていると思います。
ワークショップの内容が変わっていて驚くかもしれませんが、本章でお伝えし
た本質的なノウハウは変わりません。

また、最近では、生成AIの活用用途を発見するために活用いただく例も増えています。ワークショップ前に組織全体の生成AIに関するリテラシーを高めたいという要望があり、ユースケースの発案方法にフォーカスを絞ったコンテンツを作成しています。
　「プロダクトを成長させる生成AIのユースケースを考えるワークショップ」と題したプロダクトマネージャー向けのコミュニティイベントでは、参加いただく方のレベル感に合わせてEasy/Normal/Hardという3つのゴールレベルを選べるようにしました。Easyでは他の参加者と協同でアイデア出しを行うことで自分になかった視点に気付きアイデアの引き出しを増やすこと、Normalではアイデアをビジネスモデルとして組み立てること、Hardでは他の参加者とのディスカッションを通じビジネスモデルの実現性を高めることをゴールとして設定しています。Normal以上に到達できればML Enablement Workshopの理解編がしっかりできるイメージです。

● 図9.5　コンテンツのゴールレベル

　結果、イベントの満足度は5段階中4.8、他の人におすすめしたい度合いは4.5と非常に好評なイベントとなりました。コンテンツのアップデートを続け、執筆時点ですでに3回実施しています。
　一方で、イベントの内容はよいものの社内で実践するのが難しいとのフィードバックも受けています。そこで、スタートアップに関心があるエンジニアのコミュニティAWS Startup Community[13]と、誰もがプロダクトを通して価値を創れるようになることを目指すPM DAO[14]と協働して、開催後のフォローア

ップも含めた伴走プログラムも進めています。

この伴走プログラムでは、PM DAOが開発しているValue Discovery[15]を活用しています。Value Discoveryは、生成AIによりアイデアからの仮説生成を行うことができるサービスです。生成AIによるガイドがあれば、ML Enablement Workshopのプロセスをより自律的かつ迅速・効果的に実践できると考えています。

マッキンゼー社のレポート[16]によれば、ソフトウェア開発・運用はもっとも生成AIのインパクトが期待される領域の一つです。ソースコードの生成といった直接の開発支援が注目されがちですが、プロダクト企画の段階でも十分に生成AIの活用余地があると感じています。

9.5 おわりに

冒頭で日米の導入効果の差を示しましたが、現状を逆に捉えれば日本では最大7倍、導入効果が伸ばせる余地があります。本ワークショップが、機械学習や生成AIでインパクトを出したいプロダクトマネージャーの方や、機械学習をプロダクトに活かしたいデータサイエンティストの方にとって光明となれば幸いです。

ワークショップを開催する場合開催者向けガイド[17]をご参照ください。ワークショップの提供を希望する場合、条件に合致すればAWSから提供を受けることもできます。

2025年の崖を飛び超えていくため、コミュニティ、社会全体で生成AIを含む機械学習の活用を盛り立てていきたいと考えていますので、ML Enablement Workshopの内容や提供に関心がある方は、いつでもご連絡をいただければ幸いです。

---

13 https://aws-startup-community.connpass.com/
14 https://home.pmdao.org/PM-DAO-3f65917000ce4a7eab7a0ad8d9a16fa0
15 https://valuediscovery.pmdao.org/ja
16 https://www.mckinsey.com/capabilities/mckinsey-digital/our-insights/the-economic-potential-of-generative-ai-the-next-productivity-frontier
17 https://github.com/aws-samples/aws-ml-enablement-workshop/tree/main/docs/organizer

10

柏木正隆

ML Test Scoreを用いた機械学習システムの定量的なアセスメント

こんな人におすすめ
自分たちの機械学習システムの運用レベルの測り方がわからない人に

カテゴリ
プロセス
● 機械学習システムの開発フローとPoC

10.1 はじめに

コミューン株式会社で一人目の機械学習エンジニア兼チームリーダーとして働いている柏木です。コミューンでは、機械学習チームを0から立ち上げ、機械学習を活用した推薦システムの開発導入、MLOpsの推進、プロダクトへの生成AIの導入など機械学習プロジェクト全般をリードしています。また、チーム運営や採用なども行っています。

この章では、前職のコネヒト株式会社で取り組んでいたML Test Scoreを用いた機械学習システムの定量的なアセスメント[1]を紹介します。

機械学習システムの構築において、信頼性のあるシステムを開発し本番環境で安定して運用し続けていくことは容易ではありません。これを実現するためには、どういった観点でどのような項目をチェックして実践するのがよいでしょうか。

このような機械学習システムに対する悩みを定量的にアセスメントする方法として、ML Test ScoreというGoogleが提案している方法[2]があります。ここでは、信頼性のある機械学習システムを本番環境で運用していく方法として、テストとモニタリングを重視しており、これらを考えることが将来的に発生し

---

[1] ML Test Scoreを使って現状の機械学習システムをスコアリングしました https://tech.connehito.com/entry/2021/09/30/181145
[2] The ML Test Score: A Rubric for ML Production Readiness and Technical Debt Reduction https://research.google/pubs/pub46555/

うる技術的負債を削減することに繋がると記されています。

では、どのようにして ML Test Score をチームで実践すれば、技術的負債を減らして機械学習システムの信頼性を上げられるのでしょうか？　本章ではその一例を紹介します。読者の参考になれば幸いです。

この取り組みは機械学習チーム2〜3名で取り行ったものです。

10.2　会社紹介

コネヒト株式会社について簡単に紹介させてください。コネヒトは、「あなたの家族像が実現できる社会をつくる」というビジョンを掲げ、「家族像」というテーマに向き合う会社です。その中で、mamariというママをメインターゲットとしたQ&Aコミュニティのプロダクトを運営しています。

私は当時テクノロジー推進部という部署で、AI/MLを活用してサービス改善を行うチームの一人として推薦システムの開発などに携わっていました。また、既存の機械学習サービス改善の一環として、MLOpsの推進も行っており、そこで今回紹介する ML Test Score を適用した取り組みを行いました。

10.3　ML Test Scoreとは？

機械学習システムの技術的負債や信頼性の高さは定量化が難しいです。そのため、改善の計測や取り組むべき内容の優先順位付けを行うことは簡単ではありません。ML Test Scoreは、計測・改善できるように定量化された値を用いることで、機械学習システムの技術的負債を可視化し、現状を把握することができるガイドライン・フレームワークを提供します。

また、ML Test Scoreでは、「オンラインで継続的に訓練され、推論を行う教師ありの機械学習システム」を前提にしていますが、これ以外の機械学習システムにも適用でき、実践できる内容は多くあると考えています。

ML Test Scoreの論文で言及されているテスト項目は大きく以下の4つです。

❶特徴量とデータのためのテスト
❷モデル開発のためのテスト
❸機械学習のインフラストラクチャのためのテスト
❹機械学習のためのモニタリングテスト

　各テストカテゴリーごとに7つのテスト項目がありますが、ここでは各テスト項目の詳細な説明は割愛します。

　機械学習システムにおけるテストは従来のDevOpsでの取り組みに加えて、機械学習特有の性質であるデータとモデルが絡んできます。また、機械学習システムの振る舞いは事前に決まった挙動を示すのではなく、入力データや使用するモデルによって確率的に変化します。このことで、テストを実施する前に結果を確定できないという難しさがあります。
　そのような背景から、ML Test Scoreにおいてもデータとモデルに関するテストカテゴリーが設定されています。

　スコアリング方法は次の通りです。手動で実行し結果をドキュメントに残している場合は0.5ポイント、CIなどのようにテストを自動的に繰り返し実行できるシステムがある場合は1.0ポイント、どちらにも当てはまらない場合には0ポイントとなります。
　4つのテストカテゴリーごとにポイントを合計（7つのテスト項目の合計）し、4つのテストカテゴリーのポイントの最小値が最終的なML Test Score（OVERALL ML TEST SCORE）になります。これはすべてのテスト項目が同一の価値を持ち、すべて重要であることを意味しています。ML Test Scoreを上げるためには、4つのカテゴリーすべてのポイントを上げる必要があります。

　また、ML Test Scoreの解釈は論文によると表10.1のようになっています。

ポイント	解釈
0	プロダクションシステムというよりは研究プロジェクト
(0, 1]	総合的にテストはされていないが、可能な限り信頼性向上に努めている
(1, 2]	基礎的なプロジェクトの要求事項はクリアしているが、信頼性向上のためのさらなる投資が必要とされる
(2, 3]	適切なテストがされているが、さらに自動化の余地が残っている
(3, 5]	信頼性の高い自動化されたテストとモニタリングレベル。ミッションクリティカルな状況でも問題はない
> 5	卓越したレベルの機械学習システム

● 表 10.1 ML Test Score の解釈

次の節から我々のチームで実施した内容を紹介していきます。

10.4 なぜ ML Test Score による定量評価を行ったのか

自分たちのチームが運用している機械学習システムをよりよくしていくために、改善可能な箇所や、すでに技術的に負債になっている箇所を把握することはとても大事です。

とくに、少人数チームでは、時間が十分に確保できず、技術的負債を返済することは先延ばしにされがちです。いざ返済に取り組める段階になったときにすでに優先順位付けが行われていれば、よりクリティカルな部分から改善でき、効率的にインパクトを出すことができるでしょう。

優先順位の付け方としては「複雑さ」と「インパクト」をもとにランク付けを行うのがよいでしょう。その中でも「複雑性が低く中程度以上のインパクトを持つ」問題から始めることがおすすめです。複雑性が低い問題は比較的素早く解決でき、成果を得ることができます。また、限られたリソースでより高い効果を得ることができるでしょう。

我々が運用している機械学習システムには質問や記事をレコメンドする推薦システムや質問のカテゴリーを分類するシステムなどがあり、導入してからそ

れなりに月日が経っていました。

　日々ユーザーへの価値提供が行われていましたが、同時にシステムとして負債も溜まっている状態でした。たとえば、モデル開発における特徴量の管理や実験管理、他にはモデルやシステムのデプロイ自動化などが十分に行えておらず、手動で対応したりしている状況でした。

　ML Test Scoreによって機械学習システムの技術的負債や不足している領域を定量化する目的として、以下のことを考えていました。

- 現状と理想とのギャップを知る。
  - Google 社内での長年の経験や知見から裏打ちされた、機械学習システムとして持っておくべき要素と、自分たちのシステムの現状との違いを知るため。
- 負債を解消するための適切なリソース配分や技術的投資を行う判断材料の一つにする。
  - 改善するための時間を確保する、現状のスコアは低いがインパクトのあるカテゴリーから取り組むなど取り組みの優先順位を決めるため。
- 運用している機械学習システムのレベルをもう一段階上げる。
  - 持続可能な機械学習システムによって継続的なプロダクトやビジネスへの価値貢献をし続けるため。

処方箋ポイント

ML Test Score を実施する目的を考える
ML Test Scoreをただ単に行うだけでは得られるものが少ないです。ML Test Scoreを使って調査するためにはそれなりに時間もコストもかかります。そのため、何のために・なぜ実施するのかを最初にチームで議論し明文化しておくことが大事だと考えています。

10.5　どのようにしてスコアリングを進めたか

まず初めに、ML Test Scoreの28項目からなるテスト項目の理解と整理を行

いました。各項目を一つずつ理解することで、このテストの必要性と目的を把握することができます。この過程は、単に個人の理解を深めるだけでなく、チーム内での共通認識を形成する上でも非常に重要な役割を果たします。チーム全体で認識を合わせることで、今後取り組むべき具体的なトピックを把握することができます。

処方箋ポイント

テスト項目のスコア基準の定義

まずは ML Test Score に記載されているすべての項目に対して、各自で現状の機械学習システムの状態を確認する作業から始めました。しかしこの方法では、評価を行う個人の主観や解釈によって、結果が容易に変わってしまうことに気付きました。そのため、評価基準の標準化の必要性を感じ、チームメンバーと協力して、各評価項目に対して手動となる基準は何か、自動となる基準は何かを明確に定義することにしました。これにより信頼性の高い評価プロセスを用意することができました。

たとえば、以下のカテゴリーのテスト項目を考えてみると、

- カテゴリー：特徴量とデータのためのテスト（TESTS FOR FEATURES AND DATA）
- テスト項目：すべての特徴量は有効か（All features are beneficial）
- 基準
  - 手動（0.5 ポイント）：人が各特徴量に対して「有効 / 有効でない」のどちらかの判断をしている状態
  - 自動（1.0 ポイント）：Feature Importance の値が閾値以上の特徴量を自動的に取り入れる、Permutation Importance[3] を使い検証データに対する精度の悪化有無から有効な特徴量を絞り、自動的に特徴量を選択できている状態
  - それ以外（0 ポイント）：何もしていない状態

---

3 https://scikit-learn.org/stable/modules/permutation_importance.html

という基準の定義をしました。ただし、扱う機械学習タスクに応じてテスト項目における基準は変化することに注意してください。

　例として、我々がこのテスト項目の基準をどう設定したかを振り返ってみます。

　有効な特徴量を把握することは、機械学習モデルの精度向上を考える上で、モデルの解釈性やドメイン知識との整合性などを高めるために大事なことです。また、エンジニアリング的な観点においてもコストや処理方法を整理することが可能になると考えました。

　では、自動的に有効な特徴量を判断するためにはどうすればいいでしょうか。我々は、特徴量が何かしらの決められたルールや基準を用いて、人手を介さない方法でモデルに組み込まれている状態と捉えました。

　自動的に有効な特徴量を判断していく方法として、木構造のアルゴリズムが持つFeature Importanceをもとに、決められた閾値以上の値の特徴量のみを使用するといった方法や、各特徴量の値をランダムに並べ替えて、その特徴量がモデルの予測にどれだけ影響を与えているかを測定するPermutation Importance（木構造のアルゴリズム以外にも使える）を検証データに適用し、精度が悪化した場合はその特徴量を有効と捉えて取り入れていく方法などがあります。

　一方で、手動で判断している場合について考えてみます。データを見ながら使う特徴量を人手で選択しているなどの手動での判断では、データ量や特徴量の数が増加した場合、拡張が難しくなったり、新しい特徴量が追加されるたびに、手動での再評価が必要になります。また、定量的な基準がない場合は、一貫性のない判断になるかもしれません。もちろん人手での選択はドメイン知識の反映などが可能といった有効な面もあります。

　このようにすべての項目に対して内容や基準を深掘りし、具体的にユースケースをイメージしやすいようにしておくのは大事だと思います。ただし時間はかかってしまうので、分担して叩き台を作って共有するなど工夫が必要かと思います。

　論文には、テスト項目とその内容、さらにどのようにすればよいか（How）が書かれていますが、それだけでは基準が明確になっていない場合もあります。

もしかしたら、上に示した例はあるチームにとっては緩いと感じるかもしれません。それも含めてチーム内で基準を話し合って決めることをおすすめします。チームメンバーが多い場合には、メインの担当者間で決め、その基準をもとにメンバーにスコアリングをしてもらうのがよいかと思います。

　また、これらの基準も時間経過とともに変化し、より高度になっていくことはあると思うので、すでに自動化されている箇所については、より改善できる箇所がないかを精査してもよさそうです。

10.6　1回目のスコアリングを行った結果

　4項目についてスコアリングした結果、OVERALL ML TEST SCORE = 1.5（参考値）になりました。各項目のスコアは以下になります。

- 特徴量とデータのためのテスト：スコア = 2.5
- モデル開発のためのテスト：スコア = 2.0
- 機械学習のインフラストラクチャのためのテスト：スコア = 1.5
- 機械学習のためのモニタリングテスト：スコア = 2.5

　解釈によると「基礎的なプロジェクトの要求事項は通過した。しかし、信頼性向上のためのさらなる投資が必要とされる」というレベル感になります。

　結果を見ると、インフラの部分がまだまだ足りていないことがわかります。またテスト項目ごとで見ていくと0ポイントの項目も多く、まずは手動でも実践しないといけないなと感じる部分が多くありました。

> **処方箋ポイント**
>
> **スコアの比較に意味はない**
>
> ML Test Scoreの値自体は手動／自動の定義次第で変わる部分が大きいため、値自体を定義が異なる他社や他チームと比較しても意味はありません。あくまで自分たちのチームの中でのベースとなる参考値として使うのがよいかと思います。
> もし、他チームと比較したいのであれば、標準となる定義をこの施策を推進するチームで決め、展開するのがよいでしょう。

10.7　スコアリングを行って見えてきた課題と改善したこと

　1回目のスコアリングを終えて、機械学習システムに関するインフラのテストやモデル開発のテストの項目が、他の項目と比較するとスコアがやや低いということがわかりました。

　たとえば、インフラに関する次のような項目を満たすことができていないことに気付くことができました。

- カテゴリー：機械学習システムインフラのためのテスト（TESTS FOR ML INFRASTRUCTURE）
- テスト項目：モデル学習が再現可能であるか（Training is reproducible）

　メンバー各自の判断で訓練時の実験結果を取得してはいましたが、何を取得するかは各自の判断になっていたり、本番環境で動作する機械学習パイプラインでもきちんと計測していない状態でした。

　そのため、まずは再現可能か？という問いに対して、何を取得できていれば再現可能と言えるのかという定義から話し合いました。

　機械学習における再現性についてですが、再現性のために大事な要素として以下の4つが挙げられます。

- コード
  - モデル学習のコードやアルゴリズム
- データ
  - モデル学習に使用したデータ（訓練・検証・テストデータ）
- 環境
  - フレームワークの依存関係、バージョン、使用したハードウェアなど
- モデルパラメータ
  - モデル学習プロセスに関係するハイパーパラメータやシードなどのパラメーター

　これに加えて、訓練時に出力されるメトリクス情報を取得できる状態を目指

しました。この改善を行うために、機械学習パイプラインとして使用していたAWSのStep Functions内でSageMaker Training Jobを使い、SageMaker Experimentsと連携することで訓練時に上に記載した項目の情報を自動で収集するようにし、併せて実験結果も管理できている状態にしました[4]。

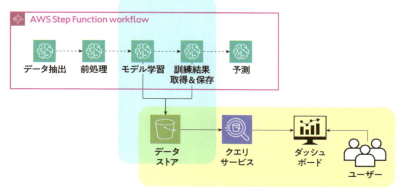

● 図10.1　機械学習パイプラインにて取得した訓練結果をダッシュボードに連携

　また、この取り組みは派生して、以下の2つの「モデル開発のためのテスト」の足掛かりとなりました。

- カテゴリー：モデル開発のためのテスト（TESTS FOR MODEL DEVELOPMENT）
- テスト項目：モデルの陳腐化の影響が把握されているか（The impact of model staleness is known）、オフラインメトリクスは実際のオンラインメトリクスと相関しているか（Offline proxy metrics correlate with actual online impact metrics）

4　SageMaker Experimentsを使った機械学習モデルの実験管理 https://tech.connehito.com/entry/2021/12/15/181332

オフラインの訓練結果をモデル学習パイプラインが起動したタイミングで取得できるようになったため、オンラインのCTRや滞在時間などのオンラインメトリクス（KPIなどのビジネスメトリクス）と紐づけて確認できる状態を作ることができました。

この取り組みにより、オンラインメトリクスの急な変化が生じた場合に、モデルの精度がどうなっていたかをすぐに確認できる状態になりました。これはモデルの陳腐化の影響を把握する上で役に立つ取り組みとなっています。

オフラインとオンラインメトリクス結果の比較は、モデルの情報や訓練時のメトリクス情報などオフラインの情報をダッシュボードに連携し、プロダクトメトリクスもそこで計算を行い、比較できるようにしました。これにより、結果をプロダクトマネージャーなどのエンジニア以外のメンバーとも共有することができ、より協力体制を構築することにも繋がりました。オンライン・オフラインメトリクスの相関関係を導くまでは至りませんでしたが、その第一歩として計測し可視化できる状態にはなりました。

10.8 半年後に再度2回目のスコアリングを行った結果

前回から半年後、4項目について再度スコアリングした結果、OVERALL ML TEST SCORE = 2.0（参考値）になり、スコアが0.5上がる結果となりました。各項目のスコアは以下になります。

- 特徴量とデータのためのテスト：スコア = 3.0
- モデル開発のためのテスト：スコア = 3.0
- 機械学習のインフラストラクチャのためのテスト：スコア = 2.0
- 機械学習のためのモニタリングテスト：スコア = 2.5

解釈としては1回目のスコアリングの際と同じレベル感ではありますが、モデルとインフラに関する項目に関するスコアが向上したことで、全体のスコアが改善された結果となりました。

二度スコアリングを行い改めて振り返ってみると、一つのテスト項目の改善

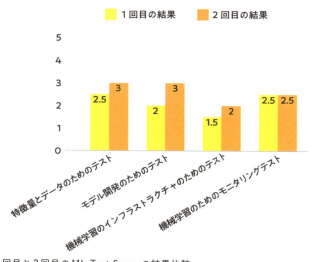

● 図10.2　1回目と2回目のML Test Scoreの結果比較

を通して、別のテスト項目の改善にも取り組みやすい状況が生まれることを感じました。**一見別の観点でのテスト項目に見えますが、取り組み方次第で繋がりが見えてくるので、そういった視点で改善できないかを考えるのはとてもよいと感じました。**

　テスト項目について、発展的に追加の項目は考えられないかといった話し合いも行うことができ、たとえば、「開発環境の整備と標準化」という項目を考えたりもしました。これは、分析や開発時にメンバー全員の環境が統一されており、環境差分による出力値の変化が起こらない状態を目指すというものです。

　この取り組みを通して、自分たちで能動的に機械学習システムのテストについて考えることができるようになり、より信頼性を高める・技術的負債を減らしていく上でどのような仕組みや改善が必要なのかを意識できるようになってきていると感じました。

10.9　ML Test Scoreによるスコアリングを行う上での注意点

　ML Test Scoreのスコアリングを行う上での注意点を最後に挙げておきます。

運用している機械学習システムに対して、ML Test Scoreによるスコアリングを行い現状のレベルを把握することはよいのですが、そこから足りていない項目を盲目的に上げていくことは推奨できないでしょう。**自分たちの状況を踏まえた上で、プロダクトの課題解決や改善を効率よくするために必要なこと、そしてWHY（なぜその項目を改善するのか）を考えた上で取り組むのがよいでしょう。**

ついついスコアを上げることが目的になりがちですが、スコアの数値に囚われるのではなく、本来やりたかった機械学習システムの改善を通したプロダクト改善を見失わないようにすべきです。

また、盲目的にスコアを上げようとすると莫大なコストが必要になり、それを達成するために新たなシステムや基盤を運用することになる可能性があり、現実的ではないかもしれません。実際は、機能開発や機能改善も行っていく必要があるため、どれだけスコアアップに注力するかは、全体とのバランスが大事になります。少人数で両方を回している場合は、技術的負債を解消するためにローテーションを組んで一定期間ごとに交代で改善に取り組む[5]のも方法の一つかと思います。

ML Test Scoreをより効果的に行うためには、MLOpsのライフサイクルとして何があるのか、何をすべきなのかを理解することも重要です。それぞれのフェーズの繋がりが見えていないと、点での理解や取り組みに留まり、線となってより広い範囲へ効果が発揮しにくいでしょう。そのためまずは、MLOpsのライフサイクルを理解するのもよいでしょう。

ML Test Score の各項目が、必ずしも自分たちの組織・サービス・システムが抱えている課題にマッチした内容となっているわけではなく、すべてがアクションプランに落ちていないため、動きにくさを感じるかと思います。そのときはML Test Scoreに閉じず、より広い観点でDevOpsでの文献を調査したり、取り組みを参考にしたりしながら、MLに適用するとどうなるかをチームで議

---

5 A Systematic Approach to Reducing Technical Debt https://engineering.zalando.com/posts/2021/11/technical-debt.html

論することがよいでしょう。

また最近では、Booking.comが出している論文[6]でML Test Scoreを含んだより包括的な内容で機械学習システムにおけるソフトウェア品質モデルについて述べられているので、参考にするとよいかと思います。

10.10 まとめ

本章では、リソースが限られた環境での機械学習チームがML Test Scoreをどのように活用しているかを紹介しました。

機械学習システムが現在正常に動作していたとしても、システムの信頼性をより高めるための改善方法を常に考え続けることが重要です。さらに、システムの使用が長期にわたると、改善が難しくなることや技術的負債が増加することがあります。

機械学習システムを継続的にプロダクトの価値に繋げていくためにも、ML Test Scoreを活用して状態を定量的に評価し、可視化することは効果的です。ぜひ定期的[7]に行いましょう。

この章が、機械学習システムの信頼性向上を目指す読者にとって有益な情報となることを願っています。

---

[6] Best Practices for Machine Learning Systems: An Industrial Framework for Analysis and Optimization https://arxiv.org/abs/2306.13662
[7] 定期的にML Test Scoreに関する取り組みを行っているLINEヤフー株式会社のすばらしい事例（https://techblog.lycorp.co.jp/ja/20240709a）が参考になります。

11

株式会社日本経済新聞社　石原祥太郎

大規模言語モデルの研究開発から実運用に向けて

こんな人におすすめ
企業内における研究開発の意義や実ビジネスへの貢献に迷っている人に

カテゴリ
文化

11.1　はじめに

　日本経済新聞社の研究開発部署「日経イノベーション・ラボ」に所属し、主に機械学習を駆使したデータ分析やサービス開発に従事している石原祥太郎と申します。本章では**大規模言語モデル**（Large Language Model; LLM）を題材に、応用事例や継続的な実運用に関する話題を取り上げます。事業会社における研究開発が実運用に繋がっていく一例として、参考になればと考えています。

11.1.1　大規模言語モデルの台頭と社会実装

　現代社会における情報技術の発展は、私たちの日常に大きな変革をもたらし続けています。執筆時の2023年、とくに注目を集めている技術の一つが、大規模言語モデルです[1]。とくに、2022年11月に公開された大規模言語モデル「**ChatGPT**」[2]の性能の高さは、世界中で、そして日本でも大きな衝撃を与えました。公開2カ月で世界のユーザー数が1億人に達し、国別で見ると日本からは米国・インドに次ぐアクセス数があると報告されています[3]。人間のように流暢に言語を扱う大規模言語モデルは、**人工知能**（Artificial Intelligence; AI）の進化を象徴する存在でもあります。

---

[1] 本章では、言語を扱うさまざまなモデルを広く**言語モデル**と総称します。これらのモデルは後述の訓練の枠組みから**事前学習済み言語モデル**（pre-trained language model）とも呼ばれます。言語の枠組みを外すと、幅広い汎用性の高さや生成タスクを解くことに由来して**基盤モデル**（Foundation Model; FM）や**生成AI**（Generative AI）と表現される場合もあります。
[2] https://chatgpt.com/
[3] https://www.nri.com/jp/knowledge/report/lst/2023/cc/0526_1

大規模言語モデルの台頭は、今後の社会におけるコミュニケーションの在り方を大きく塗り替える可能性を秘めています。技術者を超えた一般社会への普及も速く、企業や教育の現場などでの活用事例を日々のニュースの中で目にする機会も珍しくありません。急速な社会実装が進む中、可能性や将来展望のみならずセキュリティ・著作権に関する懸念など、さまざまな角度から存在が注視されています。大規模言語モデルは一時的な流行にとどまらず、新たな時代の幕開けを告げる技術であると言えるかもしれません。

11.1.2 日本経済新聞社と大規模言語モデル

日本経済新聞社は日本の伝統的な報道機関の一つとして、経済情報をはじめとするニュースを国内外に提供しています。「日本経済新聞」の発行や「日経電子版」の提供のみならず、専門的な市場データや調査情報の提供、セミナー・イベントの開催など、事業領域は多岐にわたります。約3000人の社員のうち約1500人が記者・編集者で、日経電子版には1日約1000記事が配信されています。約100人のソフトウェアエンジニア・データサイエンティスト・デザイナーらが在籍し、内製中心の開発を推進している点も特徴的です[4]。

情報技術の発展に伴い、報道機関を取り巻く環境は急速に変化しています。日本経済新聞社には報道機関として、新しい技術に対する責任ある利用が求められます。直面しうる中長期的な課題に対して、その驚異と脅威を先立って検証するのは、報道機関の持続可能性を高める上で重要な取り組みです。この目的のため、日本経済新聞社は2017年に社長直轄の研究開発部署として日経イノベーション・ラボを設立しました。

言葉の扱いを生業とする日本経済新聞社は、大規模言語モデルの影響や恩恵を大きく受ける可能性がある企業の一つと言えるでしょう。2019年ごろから、大規模言語モデルの台頭がもたらす応用の可能性や付随する課題を検証するのは、近年の日経イノベーション・ラボの活動の一つとなっていました。もっとも分かりやすい応用例は、**作業負荷の軽減**です。大規模言語モデルを駆使する

---

4 https://hack.nikkei.com/

ことで、社会現象や市場動向など膨大な情報を短時間で円滑に分析し、深い洞察や予測を伴う情報を速やかに提供できる可能性があります。さらに、大規模言語モデルの登場はコミュニケーションの在り方を変え、**新たな顧客体験**を生み出すかもしれません。たとえば読者が特定のニュースについて質問し、詳細な回答を返すような仕組みが考えられます。

本章の11.2節では、大規模言語モデルに関する日本経済新聞社での応用事例を紹介します。大規模言語モデルの継続的な実運用には、さまざまな課題が付随します。そこで11.3節では**MLOps**ならぬ**大規模言語モデル運用（LLMOps）**に向けた課題の整理として、大規模言語モデルの性能の監視やセキュリティ・著作権に関する取り組みを紹介します。

11.2　大規模言語モデルの応用事例

本節では、大規模言語モデルに関する日本経済新聞社での応用事例を紹介します。大規模言語モデルに関する説明は、必要最小限に留めます。必要に応じて『大規模言語モデルは新たな知能か』（岩波書店）[5]、『大規模言語モデル入門』（技術評論社）[6]、『IT Text 自然言語処理の基礎』（オーム社）[7]などの書籍を参照してください。

11.2.1　大規模言語モデルの仕組み

大規模言語モデルとは、大量のテキストデータで訓練された巨大な**ニューラルネットワーク（Neural Network; NN）**です。大規模言語モデルは、図11.1に示す「続きを当てる」「一部を穴埋めし周囲の情報から当てる」といった**事前学習（pre-training）**を通じて、言語の基本的な知識を獲得しているように振る舞います[8]。さらに個別のデータを用いて**ファインチューニング（fine-tuning）**を施すことで、分類・生成など幅広いタスクに対して高い性能を発揮すること

5　https://www.iwanami.co.jp/book/b625941.html
6　https://gihyo.jp/book/2023/978-4-297-13633-8
7　https://www.ohmsha.co.jp/book/9784274229008/
8　https://arxiv.org/abs/2303.18223

が知られ、近年の自然言語処理の一般的な枠組みとして定着しました[9]。モデルがより大規模になるにつれ、ファインチューニングなしでも、さまざまなタスクを解く性能を持つことも報告されています[10]。

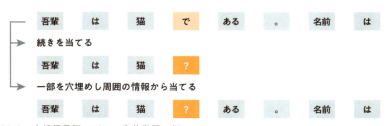

● 図11.1　大規模言語モデルの事前学習の例

　大規模言語モデルはテキストデータから言語に関する知識を学ぶため、独自データを用いることで、ドメイン特化の知見を獲得する可能性を秘めています。たとえば、とある日経電子版の記事[11]に含まれる文字列「欧州連合（EU）は13日、」を題材に「続きを当てる」事前学習を考えます（図11.2）。最初に、文字列をいくつかのトークンに分割しました。そして「正解」となる部分を移動させながら、系列の並び方を学んでいきます。ここでは、定性的に説明すると次のような知識が得られると期待されます。欧州連合を初出で「欧州連合（EU）」と書くのは、日本語の文法や日経電子版ならではの書き方を学んでいると言えるでしょう。

- 「欧州連合」の後には「（」を書く
- 「欧州連合（」の後には、略称である「EU」を書く
- 「（」の後には、対応する「）」を書く

---

9 https://aclanthology.org/N19-1423/
10 https://papers.nips.cc/paper/2020/hash/1457c0d6bfcb4967418bfb8ac142f64a-Abstract.html
11 https://www.nikkei.com/article/DGXZQOUA091DU0Z00C23A7000000/

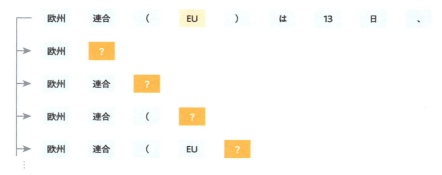

● 図11.2　独自データを用いた「続きを当てる」事前学習の例

11.2.2　文の生成タスク

　ドメイン特化の大規模言語モデルが活躍する場面に、記事の要約の**生成**があります。日本経済新聞社では、**T5（Text-To-Text Transfer Transformer）**[12]と呼ばれるモデルを用いて、日経電子版特化の要約モデルを構築しました。具体的には図11.3に示す通り、まず日経電子版の記事を用いてT5を事前学習（t5-base-japanese-nikkei）し、次に本文・要約の対のデータセットを使って記事要約タスクにファインチューニング（t5-base-japanese-nikkei-summary）しています。要約は、見出しと3行まとめという、長さの異なる2種類を用意しました。それぞれ、日経電子版の記事から、本文・要約の対のデータセットを構築しました。

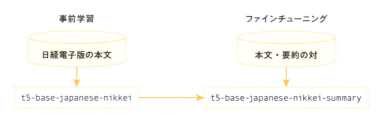

● 図11.3　日経電子版特化の要約モデル構築の流れ

　日経電子版特化の要約モデルは、日本語Wikipediaで事前学習されたT5を用

---

12 http://jmlr.org/papers/v21/20-074.html

いたモデルよりも、優れた性能を示しました[13]。性能は、編集者による要約との文字列の一致率を、**ROUGE**という指標で計測しました。ROUGEの値の高さは、モデルの出力が編集者の要約と似通っていることを意味します。独自の言い回しや表現を獲得した結果、編集者がモデルの出力を後修正する作業負荷が軽減されると考えています。

> **処方箋ポイント**
>
> **既存技術との比較**
> 独自の開発を進める上で、ChatGPTといった利用可能なAPIやモデルとの比較検証は必要不可欠です。事業会社での業務である以上、あえて独自の開発に取り組む費用対効果を意識する必要があります。日本経済新聞社の場合、独自の言い回しや表現の獲得が一つの差分要素となっています。

11.2.3 文の識別タスク

大規模言語モデルは文の生成だけではなく、**識別**にも活用できます。ここでの識別とは、文や文の一部に対するラベルの付与を指します。著名なタスクとしては、記事のカテゴリ分類や固有表現抽出などが挙げられます。

日本経済新聞社では、日経電子版を用いて事前学習した**BERT（Bidirectional Encoder Representations from Transformers）**[14]や**RoBERTa（Robustly Optimized BERT Pretraining Approach）**[15]を構築し、さまざまなタスクに活用しています。たとえば記事の見出しやサムネイル画像を用いて、閲覧時間の推定[16]やクリック率予測[17]などに向けたファインチューニングを実施しました。

11.3 実運用に向けた課題の整理

本節では、大規模言語モデルの性能の**監視**や、**セキュリティ**および**著作権**に

---

13 https://2022.pycon.jp/timetable?id=EEA8FG
14 https://aclanthology.org/N19-1423/
15 https://arxiv.org/abs/1907.11692
16 https://cj2022.brown.columbia.edu/proceedings/
17 https://ieeexplore.ieee.org/document/10020618

関する取り組みを紹介します。いずれも LLMOps を推進していく上で、注視する必要がある要素です。

11.3.1 ハルシネーションの分析

短期的な性能の監視として、大規模言語モデルの出力の確認は欠かせません。致命的な誤りがある場合には運用を停止したり、根本的な解決策を模索したりする必要があります。とくに大規模言語モデルの出力については、入力に対して適切ではない情報を生成してしまう**ハルシネーション（hallucination）**[18] と呼ばれる現象が問題視されています。日本経済新聞社にとって、情報の正確性は言うまでもなく重要な観点です。

ここでは、3行まとめを生成する要約モデルの分析事例を紹介します。具体的には、2023年4月10日の日本経済新聞朝刊に掲載された97記事を入力とし、1記事ごとに3つの要約を生成し、ハルシネーションの有無を確認しました。結果として、一定の割合で表11.1のような時系列の事実変化に起因するハルシネーションが生じているとわかりました。入力とした日経電子版の記事[19]では、植田和男氏が2023年4月に新総裁に就任した日本銀行（日銀）の話題を扱っています。しかし要約モデルは「黒田東彦総裁」という出力をしてしまいました。これは T5 の事前学習やファインチューニングに用いたデータセットが2021年以前のものだったために発生してしまった現象だと考えられます。2021年当時は、日銀の総裁が黒田東彦氏でした。

---

18 https://arxiv.org/abs/2202.03629
19 https://www.nikkei.com/article/DGKKZO70037290Z00C23A4ENG000/

入力の抜粋	要約モデルの出力の全文
（前略）植田和男氏が新総裁に就任したことで、日銀が長期金利を直接誘導する「イールドカーブ・コントロール（YCC）」の見直しの有無が焦点となっている。（後略）	日銀の黒田東彦総裁が、長期金利を直接誘導する「イールドカーブ・コントロール」の見直しに言及。発言次第では政策修正観測が強まり債券売りが出る可能性もある。一方、米長期金利は低下余地を探り、金利が低下するとの見方が多い。

● 表 11.1　時系列の事実変化に起因するハルシネーションを含む入出力の例

11.3.2　時系列性能劣化の監視

　中長期的な視点で、大規模言語モデルの性能変化を監視することも大切です。そこで日本経済新聞社では、図 11.4 のように時期が異なる 12 の日経電子版の記事で RoBERTa をそれぞれ事前学習し、性能の違いを分析しました[20]。評価には、それぞれ翌年以降の日経電子版の記事を用いました。結果として、次の 2 つの実験設定で、顕著な性能劣化が確認されました[21]。

- 2019 年までの日経電子版の記事で事前学習した RoBERTa を 2020 年の日経電子版の記事で評価
- 2015 年までの日経電子版の記事で事前学習した RoBERTa を 2016 年の日経電子版の記事で評価

● 図 11.4　時期が異なる 12 の日経電子版の記事で RoBERTa を事前学習

---

20 https://aclanthology.org/2022.aacl-main.17/
21 RoBERTa の性能は、**Pseudo-perplexity（PPPL）**という指標で測りました。「一部を穴埋めし周囲の情報から当てる」という事前学習と同様の処理の性能を確認しています。具体的な詳細は論文を参照してください。

この分析では、大規模言語モデルの源となるテキストデータ内の単語の意味変化（**semantic shift**）を計算し、性能変化との関係性についても議論しました。具体的には、通時的な単語の意味変化の度合いと大規模言語モデルの性能に、一定の相関があることを見出しました。

　単語の意味変化の度合いは、2つの**単語分散表現**を比較することで計算されます。単語分散表現とは、何かしらの手法で単語 i を $w_i = (0.1, 0.2, ..., 0.3)$ のようなベクトルに変換したものです。手法の一つである **skip-gram** では、中心の単語から周辺の単語を予測する問題を解くことで、単語分散表現を獲得します。次の「コロナ」という単語を含む2文を例に考えると、❶では「ビール」、❷では「療養」といった単語が「コロナ」の関連語として訓練時に考慮されます。たとえば2019年以前のテキストデータを用いると、❶のような文が多く含まれます。一方で2020年の新型コロナウイルス感染症の流行以後のテキストデータには、❷のような文が一定数含まれるでしょう。各テキストデータから単語分散表現を構築すると、互いに性質の異なるベクトルが訓練される可能性が高いです。

❶今日 は コロナ ビール で 乾杯
❷今日 は コロナ で 療養 中

　2つの単語分散表現に共通する語彙の全単語に対して、意味変化の度合いの平均を計算した指標（**Semantic Shift Stability**）の推移を図11.5に示します。たとえば2011年と2012年の変化度合いは、訓練用のテキストデータが2011年と2012年である単語分散表現を比較して算出しました。2019年と2020年のSemantic Shift Stability がもっとも小さく、すなわち変化度合いが大きいことが読み取れます。2番目に2011年と2012年、3番目に2015年と2016年が小さい結果となりました。Semantic Shift Stability が小さくなる時期と、大規模言語モデルの性能劣化の大きい時期が重なっています。

● 図11.5　テキストデータの単語の意味変化の度合いの年次推移

　大規模言語モデルの構築には、一般的に大きな費用がかかります。一方で、単語の意味変化の度合いは大規模な計算資源がなくとも算出可能です。単語の意味変化の度合いから計算できるSemantic Shift Stabilityを代替指標として、大規模言語モデルの再訓練が必要かの議論や意思決定が支援できる可能性があると考えています。

　意味変化が大きい単語を確認できることも、この手法の利点です。たとえば2019年と2020年で、意味変化が大きい単語は順に「感染・感染拡大・コロナ・ワクチン・ウイルス・マスク・感染者・北朝鮮・接種・流行」でした。主に新型コロナウイルス感染症の流行による単語の意味変化があったと推察されます[22]。

> **処方箋ポイント**
>
> **機械学習モデルの時系列性能劣化**
> 機械学習モデルは、一度作成して終わりではありません。継続的な運用の中では、時系列の性能劣化を監視する方法を模索する必要があります。

[22] https://upura.github.io/pdf/ic2s2_2023_semantic_shift.pdf

11.3.3 セキュリティ・著作権

　MLOps同様にLLMOpsが取り扱う技術領域は広く、事前学習に用いるデータやモデルに関するセキュリティや著作権にも気を配る必要があります。一方で、大規模言語モデルという新たな技術領域に関して、どのような課題が存在するかの議論は成熟していません。そこで日本経済新聞社では、とくに日本語の大規模言語モデルを対象に、セキュリティや著作権についての課題を明らかにする研究にも着手しました。

　最初に取り組んだのは、既存の文献の調査です。さまざまな文献を読み進める中で、とくに日本経済新聞社が関わる領域と関連性が高い「Extracting Training Data from Large Language Models」[23]と題した論文に着目しました。この論文は、大規模言語モデルが事前学習に用いたテキストデータを**暗記**し、意図せずに出力してしまう問題を指摘しています。実験で抽出された文字列には、氏名や電話番号などプライバシーに関する情報も含まれていました。

　事業会社で大規模言語モデルを活用する際、社内の独自テキストデータでの追加の事前学習やファインチューニングを検討する場合もあります。大規模言語モデルが社内データを「流出」してしまうと、大きなセキュリティ事案になりえます。出力が事前学習に用いたテキストデータと一致してしまうことは、著作権の観点からも懸念となります。我々はまず、関連する既存の文献を包括的に調査しました。調査結果は、総括論文として国際会議のワークショップに採択されています[24]。

　総括論文として既存の文献をまとめる中で、英語以外の言語についての研究がほとんど存在せず、議論が未成熟であることに気付きました。そこで、**図**11.6のように日本語を題材にした実験を通じて知見を蓄積し、研究報告としても共有しています[25]。具体的には、日経電子版の記事で事前学習された**GPT-2**[26]を用

---

[23] https://www.usenix.org/conference/usenixsecurity21/presentation/carlini-extracting
[24] https://aclanthology.org/2023.trustnlp-1.23/
[25] https://aclanthology.org/2024.inlg-main.14/
[26] https://openai.com/index/better-language-models/

意し、文章の冒頭を入力した際の出力がどの程度暗記されているかを検証しました。結果として、最大48文字もの部分文字列が暗記されるなど、日本語でも大規模言語モデルの暗記に付随する問題が存在すると確認できました。

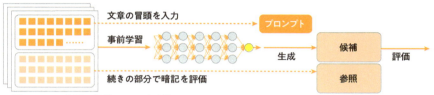

● 図11.6　日本語を題材にした大規模言語モデルからのテキストデータの抽出[27]

> **処方箋ポイント**
> **新技術に伴う課題の整理**
> 最先端の技術の導入は、恩恵のみならず新たな課題をもたらします。直面しうる課題を明らかにするのは、研究開発部署の重要な役割です。

11.4　おわりに

　本章では大規模言語モデルを題材に、応用事例や継続的な実運用に関する話題を取り上げました。本節では総括として、研究開発の段階を超えた今後の展望について紹介します。

　研究開発部署には、中長期的な課題に先行して取り組む役割があります[28]。実際に日経イノベーション・ラボでは、ここまで紹介した通り、大規模言語モデルに関してさまざまな技術検証を推進しています。2022年末からの「ChatGPTブーム」は、日本経済新聞社の中でも数多くの部署で大規模言語モデルに着目し、応用を検討する契機となりました。2023年に発表された「2030年グループ長期経営計画」[29]に人工知能技術の活用が盛り込まれるなど、大規

---

[27] 出典：https://www.anlp.jp/proceedings/annual_meeting/2023/pdf_dir/Q2-2.pdf
[28] https://www.jstage.jst.go.jp/article/jjsai/36/2/36_151/_article/-char/ja/
[29] https://www.nikkei.co.jp/nikkeiinfo/corporate/ltmp/

模言語モデルの応用は全社的な取り組みへと成長しています。2023年11月には、記事の要約・再構成に大規模言語モデルを活用する新媒体「Minutes by NIKKEI」[30] も創刊しました[31]。2024年4月には、最大700億パラメータの大規模言語モデルの独自開発についても発表しました[32]。

これらの導入を進めていく上で、先行検証で得られていた知見は大いに価値を発揮しました。いくつかの応用事例を通じて大規模言語モデルの可能性を具体的に示し、同時に限界・課題についても問題提起しています。この一連の流れは、研究開発部署の価値を改めて認識させる事例になったと感じています。

今後の技術検証の展望として、複数の種類のデータを扱う**マルチモーダル**への拡張が挙げられます。たとえば、大量のテキストデータだけでなく、画像や音声といったデータでも事前学習されたモデルです。将来的にこういった基盤モデルについても、応用事例や継続的な実運用に関する知見を深めていく必要があると考えています。LLMOpsならぬ**基盤モデル運用（FMOps）**についても、研究開発部署として積極的に調査を進めていく予定です。

> **処方箋ポイント**
>
> **報われるとは限らない**
> 研究開発部署は、中長期的な課題を見据えて取り組みます。当然ながら、すべての取り組みが将来的に役に立つとは限りません。数多くの検証を進める中で、その一つである大規模言語モデルが脚光を浴びたと考えています。後回しにされやすい難易度の高い課題に意識的に取り組むことは、技術ブランディングや意思決定の不確実性の低減にも繋がります[28]。

11.4.1 謝辞

本章で紹介した大規模言語モデルに関するプロジェクトに関わったみなさま

---

[30] https://www.nikkei.com/article/DGXZQOFM105AK0Q3A011C2000000/
[31] 日本経済新聞社が著作権を持つ記事のみを入力とし、出力が事実に即しているか、誇張や誤解がないかなどを編集者が確認し、必要に応じて修正する運用になっています。
[32] https://www.nikkei.com/article/DGXZQOUC1941R0Z10C24A4000000/

に感謝します。とくに同僚の白井穂乃さんには、さまざまな観点でご助言をいただき、本章の草稿も丁寧にご確認いただきました。業務委託の中間康文さんと高橋寛武さん、長期インターンで在籍した村田栄樹さんにも、本章で言及した論文の共著者としてご尽力いただきました。この場を借りて、お礼申し上げます。

12

サントリーシステムテクノロジー株式会社　高木基成

ユーザー企業における機械学習プロジェクトの推進事例

こんな人におすすめ
ノウハウがない中でも最新技術の活用を諦めたくない人に

カテゴリ
技術
● 機械学習システムのモニタリング
プロセス
● 機械学習システムの開発フローとPoC
文化

　本章では、製造業における「生成AIへの取り組み」と「MLOpsの取り組み」を紹介します。サントリーが属する製造業は、日本国内産業の売上高の第2位を占める業種[1]です。製造業におけるMLOpsにおける取り組みを理解することで、国内の状況を理解するための一助になれば幸いです。

　この文章は2023年に執筆されています。なるべく普遍的に役立つことを記載するよう努めましたが、動きが早いテクノロジー関連の内容でもあるため、部分的には時代遅れの内容もあるかもしれません。最新の技術動向と合わせて読んでいただければと思います。

12.1　サントリーの企業紹介

　サントリーのMLOps事例を紹介するにあたり、まずは企業情報を説明します。サントリーの内情や取り巻く環境を知っていただくことで、次節以降の内容を少しでもリアリティを増して読んでいただくためです。

12.1.1　企業概要

　サントリーグループの事業は、ウイスキー、ワインやビールなどの酒類事業だけではなく、清涼飲料水・健康食品・花・外食など多岐にわたります。また近年は、海外の売上が50%を超えており、グローバルな事業展開を進めています。

[1] https://www.stat.go.jp/data/kkj/kekka/pdf/2022gaiyo1.pdf

これら数多くの事業で、機械学習モデルを組み込んだアプリケーション開発が行われています。たとえば、「マーケティング分野における市場分析」や「生産計画の最適化」などの取り組みです。

前者は、SNSデータ・購買履歴・商品レビューなどを活かして、新たなサービス開発や商品開発にチャレンジしています。後者であれば、納期や生産能力、生産・輸送コストなど複雑な制約条件を考慮した、最適な生産計画を立案する業務が挙げられます。最適化と機械学習の技術を組み合わせることで、約40時間かかっていた製造計画の立案業務を約1時間に短縮することに成功しています。

このような取り組みが、日本国内だけではなく、海外グループ会社でも行われています。取り組みのフェーズはさまざまですが、国内・海外を問わず、業務のいたるところで、機械学習モデルの開発や運用に取り組んでおり、これらの取り組みに関する成功事例や困りごとをグローバルで共有しながら、理想のMLOpsを追求しています。

12.1.2 「やってみなはれ」精神

サントリーでは社員のことをサントリアンと呼んでいます。サントリアンの価値観として次の3つが掲げられています。第三者がサントリーの取り組み姿勢を評価するとき、独自性を感じる部分があるとすれば、その根底には、この価値観が影響していると考えています。

サントリアンの価値観

❶ Growing for Good
人として、企業として、社会のために成長し続けること。成長し続けることで、社会をよくする力を大きくしていくこと。

❷ やってみなはれ
失敗を恐れることなく、新しい価値の創造をめざし、あきらめずに挑み続けること。

❸ 利益三分主義
事業活動で得たものは、自社への再投資にとどまらず、お客様へのサービス、社会に還元すること。

Growing for Goodや利益三分主義で謳われていることは、自社の枠組みを超えて社会をよりよい方向へ導くことです。これらの行動指針の例として、水を育む森を守る「天然水の森」活動と呼んでいる森の保全活動が代表的です。IT分野で言えば、オープンコミュニティへの支援[2]や学会[3]やテクノロジー関連の勉強会[4]などでの事例発表が挙げられます。

「やってみなはれ」はサントリアンの冒険者としてのチャレンジング精神を表した言葉です。創業から100年以上経た今もなお、社員の中に受け継がれています。現状に甘んじることなく、異分野・新しいことに失敗を恐れずチャレンジし続ける社風が、ビールやウイスキー、青いバラなど、多くの商品やサービスを生み出してきました。この考え方は、当然ながらIT部門にも共通するものであり、本章で紹介しているような取り組みに繋がっています。

以上がサントリーの企業情報の紹介となります。我々の事業やそこで働くサントリアンの解像度を多少なりとも上げていただくことができたのではないでしょうか。これらのイメージを持って、以降の事例を読んでいただければ幸いです。

12.2 生成AIについての取り組み

サントリーでは、「やってみなはれ」精神に基づき、IT分野でもさまざまな取り組みを進めてきました。執筆時点の2023年のIT分野におけるトピックと言えば、ChatGPTに代表されるような生成AIの飛躍が挙げられると思います。生成AIに関しては、各企業の中でも、大きな動きがあったのではないでしょうか。

サントリーの事例紹介にあたっては、ChatGPTに代表されるような「生成AI」と教師データを準備してモデルを開発するような「従来型の機械学習モデル」に分けて、取り組みの説明をしていきます。本節では、「生成AI」についての取り組みを紹介します。

2 https://developerrelations.com/event/devrelcon-yokohama-2023
3 https://www.ipsj.or.jp/kenkyukai/event/nl257.html
4 https://dcai-jp.connpass.com/event/294374/

12.2.1 生成AIの活用推進プロジェクト

　ChatGPTなどの大規模言語モデル（以降、LLM）を業務で使いこなすため、サントリーでも生成AIの活用推進プロジェクト「Project Gaudi」を立ち上げ、全社的に取り組んでいます。この全社プロジェクトでは、生成AIの活用を推進するため、短期的な目標として、生成AI適用領域での生産性を20％向上させることを目指して取り組んでいます。

　この目標を達成するため、中心となる組織を3つ立ち上げました。「Hi-Touch Team」「Communication Team」および「Technical Team」と呼んでいます。それぞれの役割は以下の通りです。

- Hi-Touch Team
  - 活用案件の中でもとくにビジネスインパクトの高いものを発掘し支援を提供
  - ROIに応じて、システムの個別カスタマイズを提供（Technical Teamと連携）

- Communication Teamの役割
  - 生成AI活用の全社員への普及計画の設計
  - 生成AI活用のトレーニング実施

- Technical Teamの役割
  - 全社員の利用環境の開発運用
  - 利用におけるガイドラインの策定

　取り組みを始めて約1カ月で、Technical Teamが「生成AIを活用するための共通基盤」を構築しました。また利用におけるガイドラインを策定することにより、生成AIに入力できるもの・できないもの、実現できること・できないことを明確化しました。

　世の中で法整備が定まり切っていない中でも、速やかに自社における生成AIの利活用基準・注意点を明確に文章化できたことは、利用者の迷いをなくし、活用に関する意思決定を素早く行う点で効果的であったと言えます。

238

また、利用者に活用方針を示すだけではなく、全社プロジェクトとして、セキュリティ対策や機能拡張のロードマップを作成して、計画的な機能追加を実施しました。

Communication Teamの普及活動により、2023年12月時点で全事業部門から2,000人を超える社員が率先して自分たちの業務で生成AIを適用し、業務革新を試みました。その結果、数多くの「活用推進の成果」が生まれました。2024年度は、より多くの社員が生成AIとコラボレーションして業務に取り組むことになるでしょう。

本プロジェクトチームは表12.1の方針で活動することによって全社を巻き込むことに成功しました。

キーパーソンの特定と1on1による技術サポート	数万人の利用者に画一的なコンテンツを提供しても効果が薄いため、キーパーソンにエンジニアをアサインして手厚く支援する。
やるべきこと・やらないことはチームで判断	生成AIの活用は誰かにノウハウがあるわけではないため、支援対象プロジェクトの選定やツール開発の優先順位付けをチーム全体で実施した。
一緒に取り組む雰囲気の醸成	教える側・教わる側の一方向の関係ではなく、新しいものを現場とIT部門が一緒に考えるという雰囲気を醸成した。

● 表12.1 Project Gaudiチームの活動方針

また、50歳以上のシニア世代に向けた研修[5]も実施しています。自然言語で対話して機械学習の機能が使えるようになり、これまでデジタル化に壁があったシニア世代のスキルと先端技術の融合の準備が整いました。**約2,000人のシニア世代が受講して、多くの活動テーマの立ち上げに繋げています。**

12.2.2 生成AIを活用するための共通基盤

Technical Teamでは全社員が利用するための共通基盤を開発しました。この共通基盤は2つあります。一つは、OpenAIが提供しているChatGPTのような

---

5 https://www.nikkei.com/article/DGXZQOUC062RK0W3A101C2000000/?n_cid=SNSTW001&n_tw=1699420048

Webアプリケーションです（図12.1）。もう一つは、Microsoft Teamsから使えるチャットボットを提供しています（図12.2）。

　これらの基盤を提供することで、セキュリティポリシーの厳密なコントロールやRAG（Retrieval-Augmented Generation）を利用した社内システムとの連携を実現しています。ユーザー個人が任意のファイルをアップロードしてRAGの機能を使って検索することもできます。加えて、これらのアプリケーションは、プラグイン機構を採用することにより、任意の処理をプラグインとして拡張できるようにしています。

●図12.1　ChatGPTのようなWebアプリケーション

●図12.2　Microsoft Teamsから使えるチャットボット

12.2.3 利用者起点の試行錯誤

　全社的な生成AI活用推進においては、現場が「やってみなはれ」精神を発揮して、業務成果にこだわり抜いて使いこなすことを前提にした活動にしました。プロジェクト全体での統一事項は、ガイドラインをもとに大きな方針を決めるだけにとどめ、現場で色々な形でLLMを使ってみて、その結果を集約することに力を注ぎました。

　結果として、現場から多くのLLMの活用パターンが見えてきました。実際に効果を試算した事例を、業務ドメイン別に紹介したいと思います（**表12.2**）。

業務ドメイン	事例	効果
R&D	市場分析による商品開発	アウトプット品質向上
	社内データからの情報抽出	工数8割減
	情報収集の代替	工数1割減
生産・SCM	業務システムの開発補助	ソースコード品質向上
	専門文書の自動生成	工数7割減
	翻訳代行	外注コスト削減
マケ・営業	クライアント向け提案書の壁打ち	案件獲得率の向上
	インターネット調査代行	工数9割減
	アンケート集計	外注コスト削減
スタッフ・ITなどのバックオフィス	コーディング修正・改善	ソースコード品質向上
	契約書の確認	外注コスト削減
	有識者レビューの代替	外注コスト削減

● 表12.2　業務ドメイン別の活用例[6]

　情報収集や要約のニーズが多数あることは想定通りでした。特定のケースでは、翻訳や有識者のレビューの代替など、一般的にはLLMが苦手と言われている分野でも、効果があることがわかりました。これは利用者が中心となって活

6　効果は個別事例における試算数値です。

用方法を探索した成果と言えるでしょう。

> **処方箋ポイント**
>
> **先端技術を現場に広めて、創出された成功体験を全体で共有する**
> 新しいテクノロジーはリスクや費用対効果が明らかではなく、どうしても及び腰
> になってしまい、導入が進みません。そのような場合、停滞することを悪と考え、
> できるだけリスクを考えに考え抜いた後、まずはやってみることが大切です。現
> 場が一番課題を知っているため、現場のキーパーソンが創り出した活用事例を共
> 有し、組織的に学んでいくことで、新たな価値や効果が見えてきて、それが活動
> 拡大への推進エネルギーとなります。

12.3 従来型の機械学習モデルに関する取り組み

　企業にとって、機械学習モデルを構築するハードルは低くなっています。機
械学習やデータサイエンスが注目されることで、モデリングを支援するソフト
ウェアが数多く開発されてきました。

　サントリーでもさまざまなツールを使って機械学習モデルの開発を行ってい
ます。PyCaretなどのOpen Source Softwareに始まり、H2O.aiやDataRobotな
どの商用製品も利用しています。これらはAutoMLと呼ばれるカテゴリの製品
になります。

　これらのソフトウェアを活用することで、機械学習モデルを導入するための
プロセスの一部が簡略化されます。他の章でも語られているように、データサ
イエンティストやデータエンジニアが持つ専門性が発揮されることで、よりよ
いモデルができることは言うまでもありません。

　一方で、機械学習モデルを組み込んだシステムでは、開発フェーズだけでは
なく、運用フェーズにも多くの労力が必要となります。適用効果を継続するた
めには、組織的な運用管理プラットフォームが必要となりました。ここでは、
これらの機械学習モデルを適切に運用していくためのサントリーの取り組みを
ご紹介します。

12.3.1 サントリーにおける機械学習モデルの利活用

　サントリーでは機械学習をさまざまな業務ドメインで利用しています。どの

ような利用方法をしているのか表12.3にまとめました。

業務ドメイン	事例
R&D	特許や論文など専門文書のスクリーニング
	生体情報による健康指標予測「XHRO（クロ）」
	歩行および姿勢分析「GAITALYS（ゲイタリス）」
	腸音による腸内状態の予測「腸note」
生産・SCM	食品生産計画立案の最適化
	設備の異常予兆検知
	原料の取り扱い業務の自動化
	フォークリフト操作の自動判定
	校正業務の自動化
	製品出荷パレットの回収量予測
	商品外装ダンボールの破損レベル判定
マケ・営業	SNSデータのトピック分析
	広告効果の事前予測
	画像データのキャンペーン応募判定
	画像データへの自動タグ付け
スタッフ・ITなどの バックオフィス	人事・給与関連の問い合わせチャットボット
	契約文書の自動レビュー

● 表12.3　業務ドメイン別の活用例

　このようにさまざまな領域で機械学習を利用していますが、この分野は技術進化のスピードが速く、それぞれの機械学習システムで利用しているソフトウェアやそれらの運用は統一されていませんでした。さらに大きな問題として、それぞれのチームでデータサイエンティストなどシステム運用に専門性を持たない人が運用しているケースも多々あり、組織としてスケールさせることが困難になってきました。

このため、サントリーでは機械学習モデルを組織横断的に運用管理できるようなプラットフォームを導入しています。以降で詳しく述べていきます。

12.3.2 機械学習モデルの運用管理プラットフォームの構築

機械学習モデルを組み込んだシステムの運用では、リリース直後から性能監視業務が始まり、再学習による精度向上も必要となります（図12.3）。再学習により作成された最新版のモデルだけではなく、過去のモデルも管理しておき、性能の変化を分析しなければなりません。これらのPDCAサイクルを含めた運用業務を高品質・高効率で実施するためには共通の運用管理機能を提供しなければなりません。

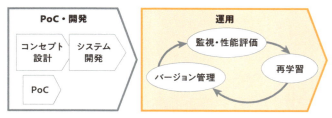

●図12.3 機械学習モデルを持つシステムの開発〜運用までのプロセス

サントリーでは、運用プロセスの中で、どのようなことを実施しているのかを説明します（表12.4）。

監視・性能評価	ビジネス変化に基づくデータ傾向変化の検知
再学習	蓄積されたデータを活用した機械学習モデルの性能向上
バージョン管理	機械学習モデルの更新と本番化

●表12.4 運用プロセスで実施すべき内容

「監視・性能評価」の部分では、機械学習モデルに対する入出力データのモニタリングを実施する必要があります。ビジネス環境の変化に基づく入力データの傾向変化や予測結果の変化を監視することで、モデル作成時の訓練データと現在のデータの差異の発生を早期に把握でき、再学習のタイミングを把握することができます。

「再学習」では、「訓練データの分布可視化」を細かく実施します。機械学習モデルを作成・リリースするときに、再現率や適合率などのモデル全体の精度指標は必ず確認しているでしょう。しかし、それだけでは不十分です。過去のプロジェクトでは、モデル全体の指標だとわずかながら性能が向上していたものの、細かく見ていくと特定カテゴリの性能が劣化しているケースがありました。全体の指標だけを見ていると細部の変化を見落としてしまいます。業務に合わせた粒度の確認が必要です。

　「バージョン管理」では、「モデルとデータの履歴管理」が必要になります。過去すべてのモデルとテストデータを比較して、精度が改善していることをモデルバージョンごとの時系列で追うことが重要となります。

　これらの運用を実施するにあたり、サントリーでは、機械学習モデルのモニタリングを横串で実施することを基本方針としています。
　機械学習モデルを開発する場合、業務内容やデータ種別に応じて、多様な機械学習モデルを使用します。開発体制についてもバリエーションがあり、内製化だけではなく、ある分野が得意なベンダーと組むことや、既存システムとの統合を踏まえて運用を委託している企業と組んで、機械学習の機能を作りこむこともあるでしょう。
　ところが、運用フェーズに入ると開発時とは異なり、できるだけランニングコストを押さえながらも、上記のような機械学習モデル特有の取り組みが必要になります。そのため、モデル自体の運用体制に関しては、共通のプラットフォームを用いて、横串で運用監視していく必要があります（図12.4）。

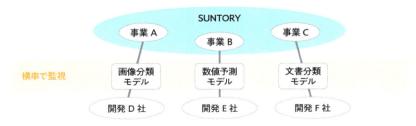

● 図12.4　共通の運用監視体制の考え方

12　ユーザー企業における機械学習プロジェクトの推進事例

12.3.3 運用管理プラットフォームの効果

　この共通基盤を活用したプロジェクトをご紹介します。サントリーの物流需給業務に関わる事例です。

　製品輸送においては、パレットと呼ばれる大きく丈夫な荷役台を使います。このパレットは工場からトラックで配送する際に使い、小売店の倉庫などに台となるパレットの上に製品を載せたまま保存しておきます。小売店で在庫がなくなれば、パレットを回収するというサイクルを回します。小売店からすれば、「いつ何枚返せるかわからない」、裏を返せば、メーカー目線では、「いつ何枚返ってくるかわからない」という問題があります。この回収枚数を見誤ると配送ができなくなるため、緊急減産や在庫滞留などの甚大な損失に繋がります。

　この回収枚数を予測する機械学習モデルを運用する中で、性能劣化の現象が発生しました。「なんとなく性能が下がっている」という問い合わせに対して、運用管理プラットフォームを活用し発生タイミングや性能劣化の割合を具体的な日付や数値から調査できました。

　具体的には、パレットの回収枚数が予測モデルと乖離していることがわかり、データドリフトの監視情報から訓練データと比べて入力値が大きく変動している変数を特定しました（図12.5）。さらに、その変数の訓練データと予測データを比較すると、あるジャンルの製品が予想外のヒットをしたことで、これまで前例にない数値が入力データに含まれることになり（図12.6）、結果として予測モデルの性能が劣化していることがわかりました。

Status	Feature	Type	Drift	Threshold	
Skew	変数①	Float	0.84	0.7	→ 訓練時点とデータ傾向が変化
Skew	変数②	Float	0.75	0.7	
Healthy	変数③	Float	0.58	0.7	→ 通年通りの傾向
Healthy	変数④	Int (Numeric)	0.58	0.7	

● 図12.5　データドリフトの監視

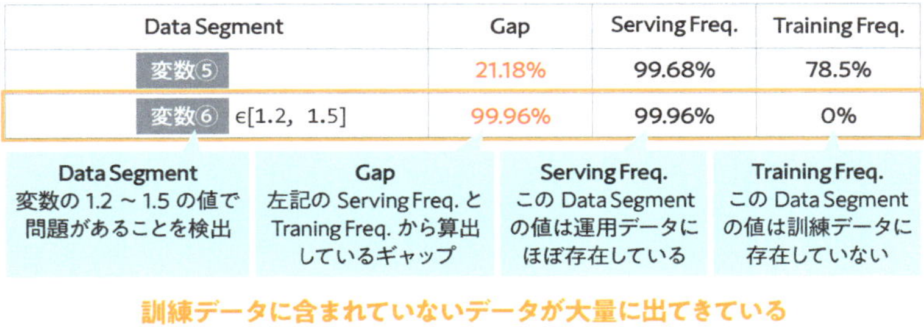

Data Segment	Gap	Serving Freq.	Training Freq.
変数⑤	21.18%	99.68%	78.5%
変数⑥ ∈[1.2, 1.5]	99.96%	99.96%	0%

Data Segment	Gap	Serving Freq.	Training Freq.
変数の 1.2 ～ 1.5 の値で問題があることを検出	左記の Serving Freq. と Traning Freq. から算出しているギャップ	この Data Segment の値は運用データにほぼ存在している	この Data Segment の値は訓練データに存在していない

訓練データに含まれていないデータが大量に出てきている

● 図12.6　データとモデルの関係性の深掘り

今回はパレットの改修枚数の予測を一例としてご紹介しましたが、他の機械学習モデルについてもこのようなプラットフォームを活用し、横断的に性能監視を行えるようにしています。

処方箋ポイント

機械学習モデルを横断的に運用管理するプラットフォームを構築する
機械学習モデルの導入は小規模PoCからスタートして、試験的にはじめることになります。そのため、運用保守設計の作り込みまで手が回らない可能性があり、結果として機械学習モデルがメンテナンスされず放置されることになります。取り組み成果を維持して、組織的にスケールさせ効果的に運用するためには組織横断的な運用プラットフォームが必要となります。活用が進んできた段階で、このようなプラットフォームを構想し、構築するとよいでしょう。

12.3.4　Data-Centric なアプローチの重要性

最後に、横串で多くのモデルを運用していく中で、2章でも述べられているData-Centric なアプローチが重要であることがわかった事例をご紹介します。

ある画像の二値分類モデルを扱ったプロジェクトでは、なかなか精度が上がらない問題に直面しました。精度を上げるために、多くのアルゴリズムとハイパーパラメータの組み合わせをテストし、アルゴリズムとハイパーパラメータの組み合わせは100個を超えました。しかし、5%前後の性能変化があるだけで、効果を体感することはできませんでした。PyCaretやDataRobotなどさまざまなAutoMLのソフトウェアを駆使しても、大きな性能改善が実現できませ

んでした。

　そこでこのプロジェクトでは、アルゴリズムではなくデータに着目しました。Confident Learning[7,8]と呼ばれる手法を用いて、訓練データ品質をチェックすることにしました。つまりラベルの間違いがある可能性を調査したのです。
　この手法を適用して間違っている可能性があるデータのラベルを再評価しました。再学習を実施した結果、性能指標であるF1-Scoreを0.6から0.8に大きく精度改善することができました。そもそもラベルは正しく付与されるべきですが、数千枚の画像をラベル付けする中で、どうしてもヒューマンエラーが含まれてしまいます。Confident Learningを用いることで、ラベル付け間違いの可能性が高いデータを抽出して、効率よくラベルの見直しを行うことができます。

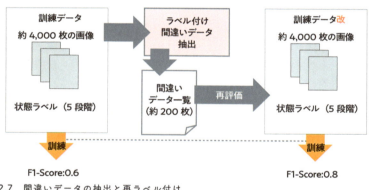

● 図12.7　間違いデータの抽出と再ラベル付け

　データが重要であることは常識ですが、改めて、その事実を確認することができた事例です。

7　https://arxiv.org/pdf/1911.00068
8　https://github.com/cleanlab/cleanlab

処方箋ポイント

データの品質向上はモデルの品質向上に直結する

機械学習というと、どうしてもアルゴリズムを改善するほうに目が行きがちですが、アルゴリズムの改善だけではどうしても頭打ちになります。データの品質改善は手間がかかるため後回しにされがちですが、アルゴリズムの改善以上の効果が得られることがあります。この原則は多くの人が理解しつつも、実際にPoCが始まれば、モデルをチューニングする魔力に取り憑かれてしまいます。常に忘れないように注意しておくべきです。モデルのチューニングより、データの品質改善に重きを置くべきでしょう。

12.4　おわりに

　サントリーにおけるMLOpsの取り組みを紹介しました。今回の事例がみなさんの組織におけるMLOps推進の参考になれば幸いです。今後は、企業同士が積極的な情報交換を行い、実ビジネスにおけるMLOpsの理想の姿を追い求めていく必要があると考えています。ユーザー企業同士のコミュニティ活動が活発になることは、日本全体の機械学習モデルの適切な利活用に繋がるのではないでしょうか。

索引

英数字・記号

2025年の崖	196
A/Bテスト	18 49
Amazon CloudWatch	172
Amazon ECS	167
Amazon EKS	168
Amazon Personalize	130
Amazon SageMaker	132 167 194
API	27 45 118 137
APIサーバー	127
Apple Neural Engine	40
Autify	147
AutoML	73 242
AWS	194
AWS Inferentia	40 169
AWS Step Functions	169 216
AWS Trainium	40
Azure Machine Learning	132
B2B	146
B2C	146
BERT（Bidirectional Encoder Representations from Transformers）	226
BigQuery	139
BigQuery ML	134
BIツール	25
ChatGPT	147 221
ChatOps	172
CI基盤	147
CNN	103 189
Confident Learning	56 248
CPU	38 42
CT（Continuous Training）	13
CTGAN	57
CTR	97 130 140 217
CUDA	39 67 170
CVR	140
Data-Centric AI	52 247
DataRobot	242
DeNA	111
DevOps	88 172 209
Docker	42

DORA	88
DRIVE CHART	176
DWH	24 116 138
E2Eテスト	147
EC	146
Edge TPU	40
Elasticsearch	136
Embedding	144
Event Storming	201
F1-Score	140 248
Faas（Function as a Service）	33
Feature Importance	212
Feature Store	19 123 139
FMOps	233
FPGA（Field-Programmable Gate Array）	40
GAN	57
Git	61
GitHub Copilot	147
Google Analytics	87
Google Cloud	130 168
GO株式会社	176
GPS	177
GPT-2	231
GPU	16 23 32 35 39 67 164
H2O.ai	242
Human-in-the-Loop	112
IDE	60 147
Imp	140
JSON	61
JSダイバージェンス（Jensen-Shannonダイバージェンス）	48
Jupyter Notebook	60 119
Kaggle	96 195
KPI	75 87 96 217
Kubeflow	194
Kubernetes	36 168
KVS	152
Launchable	147
LightGBM	135 142 184
LightGCN	135
LIME（Local Interpretable Model-agnostic Explanations）	106

LLM	144 149 175 221 238
LLMOps	223
mamari	208
MAP	140
ML Enablement Workshop	194
ML Test Score	81 207
MLflow	194
MLOps	4 172
MLOps システム	131
MLOps レベル	142
MRR	140
MVP	124
MXU	39
nDCG	140
NPU	39
NumPy	139
Object Detection	181
OLAP（Online Analytical Processing）	24
pandas	139
PCA	57
PDCA サイクル	244
Permutation Importance	212
PoC	76 80 124
Precision	140 178 192
PyCaret	242
Python	138
PyTorch	67
RAG（Retrieval-Augmented Generation）	240
RDB	152
Recall	140 192
RecBole	135
RNN	103 189
RoBERTa（Robustly Optimized BERT Pretraining Approach）	226
ROCm	39
ROUGE	226
SaaS	59 127 147
SageMaker Experiments	216
SageMaker Training Job	216
semantic shift	229
Semantic Shift Stability	229
SHAP（SHapley Additive exPlanations）	106

skip-gram	229
Snowflake	139
SQL	120 139
T5（Text-To-Text Transfer Transformer）	225
TensorFlow	67
TGAN	57
TPU	16 23 39
Transformer	103 136
Vertex AI	132
Vertex AI AutoML	134
Vertex AI Search	130
window	184
YAGNI（You Ain't Gonna Need It.）	150
χ^2 統計量	48

あ行

アーキテクチャ	10 22 132 147 164
アクセラレーター	16 33 35 37
アセスメント	75 207
アップデート	30 168
アノテーション	54 184
アプリケーションデータベース	24 28
暗記	231
依存関係	18 34 67 120 215
一次フィルタ	189
イノベーション	102
インフラ	36 194 209
インフラコスト	118
運用	3 79 120 185 242
エッジデバイス	40 180
閲覧時間	226
オフライン評価	80 88 157
オンプレミス	32
オンラインショッピング	20
オンライン評価	88 161
オンラインメトリクス	217
オンライン予測	136

か行

解釈性	213
外挿	78

ガイドライン	93 108 238	決定木		106
概念実証	79	研究開発		105 221
開発者	197	権限設定		34
可視化	34 60 87 217	検出数		192
カスタマージャーニーマップ	201	効果検証		100
画像	48 57 247	効果分析		26
型	14 45	構造化データ		57 152
カテゴリ	7	公平性		108
可読性	63 120	コードの再利用		62
角速度センサー	183	コードの品質管理		58
カナリアリリース	18 49	コールドスタート問題		131
株式会社CAM	129	個人情報		54 116
可用性	11 20 32	コスト	30 42 51 86 114 164 185
監視	44 78 98 124 153 172 226 244	コネヒト株式会社		207
関連商品の推薦	29	コミューン株式会社		207
キーバリューストア	152	固有表現抽出		226
機械学習	2 73 93 165	コンテナ		17 42 64 159
機械学習パイプライン	10 31 145 163 215	コンパイル		16 18 35 41 170
技術	7	コンポーネント		13

さ行

技術検証	232	サービング		164
技術選定	30 164	再学習		49 244
技術的負債	208	再現性		18 61 117 215
技術ブランディング	233	最適化		236
期待値コントロール	94	サントリーグループ		235
基盤	64	閾値		17 44 100 190
協業	66 90	識別		226
協調フィルタリング	29	時系列データ		190
共通化	148	市場分析		236
共通基盤	238	システム開発		78
行列乗算ユニット	39	システム構成		126 148
クラウドサーバー	180	事前学習		223
クラウドサービス	31 118	自然言語処理		37 164 224
クラスター	33	実験		7 82 215
クレジットスコア	26	実験管理ツール		87
クレンジング	56 153	実証実験		7 77 82
グローバル変数	63	自動化		10 61 119 210
訓練	11 16 155	重回帰		106
訓練データ	14 48 73 147 164 188 244	少人数		129 144 210
経営層	91 197	処理の分割		120
計算資源	14 16 23 32 56 230	新型コロナウイルス		229
計算量	37 184			
欠損	14 45			

人工知能	221
深層学習	37 164 181
信頼性	81 178 207
推薦システム	20
推論システム	12 20 145 158
推論ロジック	182
スキーマ	15 45
スケジュール	123
ストリーミングパイプライン	127
ストレージ	19
スループット	24
正確性	146 227
正規化	152
生成AI	205 237
製造業	235
精度指標	17 45 82 245
性能監視	244
性能評価	17 76 157 244
性能変化	228
性能劣化	79 98 228 246
責任分界点	64 119
セキュリティ	226
説明可能性	82 106
説明責任	105
先行事例	104
センサーデータ	177
全体像	5
相互接続トポロジ	39
ソフトウェア	30 62
ソフトウェアエンジニア	59 110
ソフトウェアテスト	150

た行

ターゲット	179
大規模言語モデル	144 149 175 221 238
対照群	85
代替指標	230
ダイナミックプライシング	29
代理指標	79 84
他社事例	36
ダッシュボード	87 140 217
短期間	127 129 163

単語分散表現	229
チームによる実験	88
知財	91
チャットボット	149 163 240
著作権	226
陳腐化	216
通信量	185
データ	52 152
データウェアハウス	24 116 138
データオーグメンテーション	57
データ基盤	94 116
データ駆動	105
データサイエンス	195
データサイエンティスト	59 116 197
データシート	53
データ蒸留	57
データの削減	56
データの収集	52 84
データの準備	56
データの品質管理	52
データの分割	17 154
データの分布	15 46 80 188 245
データパイプライン	116
データハブ	87
データ分割	154
テスト	17 49 61 207
テストコード	61
テストデータ	14 154
撤退基準	104
撤退条件	125
手の内化	172
デバッガー	60
デプロイ	18 88 126 158
デプロイプロセス	41
テンソル演算	39
動画	180
動作確認	157
透明性	105
トークン	224
ドキュメント	53 62 116
特徴量	24 46 57 184 209 212
特徴量エンジニアリング	138 154

特徴量重要度	57
特徴量の再利用	139
ドメイン	35 131 179 213 224
ドライバー	35 42
ドリフト	13 46 98 153 246

な・は行

日本経済新聞社	221
ニューラルネットワーク	223
入力データ	74 244
入力データ量	11 23
ノートブック	60
バージョン	17 42 61 215 244
パーセンタイル値	16 48
ハードウェア	32 39 171 215
バイアス	52 80 85 188
配車システム	27
ハイパーパラメーター	86 215 247
ハインリッヒの法則	178
バッチ処理	11 24 117
バッチ提供	24
バッチパイプライン	127
バッチ予測	136
パブリッククラウド	132
パラメーター	73 215
バリデーション	14 44
ハルシネーション	227
比較検証	226
非機能要件	35 81
非構造化データ	23 48 54 57
ビジネス課題	82
ビジネス指標	199
ビジネス目標	75
ビジネスモデルキャンバス	199
評価指標	76 80 84 96 140
評価方法	76 192
表形式データ	16 46
標準化	53 88 212
ファインチューニング	164 223
フェイルセーフ性	79
フェーズ	6 74 124 155
フォールバック戦略	21

不確実性	51 72 103 233
不確実性コーン	72
部署の壁	78
不正行為の検出	27
物流需給	246
プライバシー	107 231
プラグイン	240
プラクティス	4 194
プラットフォーム	39 129 242
フルマネージド	130
プロセス	7
プロセス数	45
プロダクト実装	163
プロダクト担当者	91
プロダクトマネージャー	115 195
プロダクトメトリクス	217
プロダクト要求仕様書	116
文化	7 69 83 88 101 194
分類	226
ベイジアンA/Bテスト	140
並列処理	14 39
ベクトル検索	125
法務	91
保守	32
ポリシー	93
本開発	124
本番環境	49 59 80 110 207

ま行

マーケティング	49
マイルストーン	202
前処理	14 19 24 119
マップマッチ処理	181
マネージドサービス	132
マルチテナント型	147
マルチモーダル	233
ミドルウェア	14 30 62
メタデータ管理	18
メトリクス	215
メモリ利用率	45 50
メンバー	115 131 167
目的関数	73

目標値	76
モデルカード	53
モデル開発	209
モデルの評価	17 76 88 96 119
モデルファイル	155
モニタリング	43 95 207 209 244
モバイル	40
モバオク	114

や・ら・わ行

やってみなはれ	236
ユーザーインターフェイス	49
要件定義	99 178
予測精度	105
ライフサイクル	152 219
ライブラリ	21 42 66 155
ラベル	51 178 226 248
ランダム化	85
ランダムサンプリング	14 189
ランダム配信	134
リアルタイム処理	25 117
リアルタイム推論	164 187

リアルタイム性	11 22 24 117 122
リアルタイム提供	25
リーク	139
リーダー	195
利害関係者	35 90
リソース	81 164 181 210
離脱率	50
リネージ	18 34 56
量子化	18 41 187
リレーショナルデータベース	152
倫理的なアプローチ	107
レアデータ	189
レイテンシー	26 45 117 137 165
レコード	152
レコメンド	114 129
レスポンスタイム	24
レピュテーションリスク	95
レポジトリ	147
ロードマップ	91 197 239
ロジスティック回帰	106
ワークショップ	194
ワークフローエンジン	119

編著者紹介

杉山 阿聖
株式会社 Citadel AI 所属。これまでに機械学習パイプラインの構築など、機械学習の実用化に取り組む。Google Cloud Champion Innovator (Cloud AI/ML)。

太田 満久
医療系スタートアップの Ubie 株式会社の機械学習エンジニア。京都大学で博士（理学）を取得後、データ分析専業の大手であるブレインパットにエンジニアとして入社。最高データ技術責任者として、多くの機械学習プロジェクトをリードした後現職に至る。Google Developers Expert (Machine Learning)。Google Cloud Champion Innovator (Cloud AI/ML)。

久井 裕貴
株式会社マネーフォワード所属。前職では、金融機関においてデータサイエンティストとして、スコアリングモデル開発などのデータ活用および機械学習モデル開発に従事。2019年マネーフォワードに入社し、研究員として Lab 本部に所属。to B、to C 両面のサービスにおける機械学習モデル活用を推進している。

NDC007　271p　21cm

事例でわかる MLOps
機械学習の成果をスケールさせる処方箋

2024 年 9 月 26 日　第 1 刷発行
2024 年 12 月 19 日　第 3 刷発行

編著者	杉山阿聖・太田満久・久井裕貴
発行者	篠木和久
発行所	株式会社　講談社

〒112-8001　東京都文京区音羽 2-12-21
　　販　売　(03) 5395-5817
　　業　務　(03) 5395-3615

編　集	株式会社　講談社サイエンティフィク
	代表　堀越俊一

〒162-0825　東京都新宿区神楽坂 2-14　ノービィビル
　　編　集　(03) 3235-0701

本文データ制作	株式会社エヌ・オフィス
印刷・製本	株式会社ＫＰＳプロダクツ

落丁本・乱丁本は、購入書店名を明記のうえ、講談社業務宛にお送りください。送料小社負担にてお取替えいたします。なお、この本の内容についてのお問い合わせは、講談社サイエンティフィク宛にお願いいたします。定価はカバーに表示してあります。

© A.Sugiyama, M.Ohta and Y.Hisai, 2024

本書のコピー、スキャン、デジタル化等の無断複製は著作権法上での例外を除き禁じられています。本書を代行業者等の第三者に依頼してスキャンやデジタル化することはたとえ個人や家庭内の利用でも著作権法違反です。

Printed in Japan
ISBN 978-4-06-536956-2